국가직무능력표준에 기반한

NCS 아두이노를 이용한 펌웨어 개발 실무

오상균 · 이명희 · 권민주 지음

光 文 閣
www.kwangmoonkag.co.kr

머리말

오픈 소스(Open Source) 기반의 마이크로컨트롤러인 아두이노(Arduino)는 대표적으로 Ateml의 ATmega8, ATmega328, ATmega2560 등을 이용한 보드로 펌웨어(Firmware)를 개발하는 환경과 컴파일, 독립적으로 작동할 수 있도록 업로드 하는 과정이 편리하여 세계적으로 인기를 끌고 있다.

다른 마이크로컨트롤러 플랫폼에 비해 저렴하고, 간단하고 손쉬운 프로그래밍 환경으로 초보자들도 손쉽게 접근이 가능하여 우리나라에서도 빠르게 확산되고 있다. 특히 하드웨어와 소프트웨어가 모두 공개되어 있기 때문에 다양한 응용 소스를 손쉽게 구할 수 있어, 초보자들에게는 펌웨어 개발을 시작함에 있어 적절하고 유용한 플랫폼이라고 할 수 있다.

최근에는 아두이노 보드도 사용 목적에 따라 다양한 응용 보드와 센서, 액추에이터 모듈들도 출시되고 있어, 용도에 따라 원하는 기능을 손쉽게 구현할 수 있다는 장점이 더욱 부각되고 있다.

국가직무능력표준(NCS, National Competency Standards)은 산업현장에서 직무능력을 수행하기 위해 요구되는 지식과 기술, 태도 등의 내용을 체계화한 것으로, NCS 체계에 맞추어 교육훈련 과정의 개편과 국가자격의 종목 신설 및 재설계를 진행하고 있다. 더구나 공공기관은 물론 일반 기업에서도 현장 수요 기반의 인력 채용과 인사관리 기준을 NCS 기준에 맞추어 변경하고 있는 추세이다.

이 책은 오픈 소스 기반의 마이크로컨트롤러인 아두이노를 이용하여 펌웨어를 개발함에 있어, 국가직무능력표준에서 제시하고 있는 NCS의 능력단위를 교육훈련에서 학습할 수 있도록 구성한 교수·학습 자료인 NCS 학습 모듈을 기반으로 하여 집필되었다. 특히 NCS 학습 모듈 중에 기능명세서를 바탕으로 펌웨어 개발 환경을 구축하고 제품에 적용할 펌웨어의 설계, 구현, 검증을 수행하는 것을 목표로

하는 학습 모듈인 ‘LM1903020304_14v1 펌웨어 개발’에 기준하여 구성과 내용을 충실히 맞추고자 하였다.

아무쪼록 전기·전자·정보통신 분야의 산업용 전자기기 소프트웨어 개발을 시작하고자 하는 초심자들에게 국가직무능력표준에 기반한 오픈 소스 기반의 아두이노를 이용한 펌웨어 개발의 길을 열어주고자 하는 이 책이 조금이나마 도움이 되기를 바란다.

저자 일동

아두이노를 이용한 펌웨어 개발 실습장치

- 제 조 사 : ㈜와우시스템
- 홈페이지 : www.wowsystem.co.kr
- 예제소스는 광문각 홈페이지(http://www.kwangmoonkag.co.kr)와 (주)와우시스템 홈페이지(http://www.wowsystem.co.kr) 의 자료실에서 다운로드 받으실 수 있습니다.

서 문

이 책은 국가직무능력표준(NCS, National Competency Standards)의 학습 모듈 'LM1903 0203 04_14v1 펌웨어 개발'의 구성과 내용에 맞추어 집필되었다.

'LM1903020304_14v1 펌웨어 개발'은 NCS에서 [대분류] 전기 · 전자, [중분류] 전자기기 개발, [소분류] 산업용전자기기 개발, [세분류] 산업용전자기기 소프트웨어 개발에 속해 있는 능력단위 '펌웨어 개발'의 학습 모듈이다.

수준	직종 / 직위	산업용 전자기기 하드웨어 개발	산업용 전자기기 기구 개발	산업용 전자기기 소프트웨어 개발
7수준	부장/ 수석 연구원			
6수준	차장/ 책임 연구원	요구 설계 알고리즘 개발 시뮬레이션 소프트웨어 개발	기구 개발 타당성 분석	
5수준	과장/ 선임 연구원	제품 분석 장비 호환성 검토 하드웨어 개발 제품 인증 플랫폼 소프트웨어 개발 개발 제품 검증 기구 개발	기구 설계규격 확정	소프트웨어 기획 미들웨어 개발 소프트웨어 신뢰성 검증 소프트웨어 운용시험 검증
4수준	대리/ 전임 연구원/ 반장		기구 개발계획 수립 기구 개념 설계 기구 상세 설계 기구 제작 기구 개선 기구 기술 이관 기구 양산 지원	타깃 시스템 분석 펌웨이 개발 시스템 소프트웨어 설계 응용소프트웨어 개발 소프트웨어 사후관리
3수준	주임/ 주임 연구원/ 반장		기구 성능 시험	프로그램 디버깅
2수준	사원/ 연구원			
-		직업기초능력		

학습 모듈 '펌웨어 개발'은 '펌웨어 설계하기', '펌웨어 구현하기', '펌웨어 검증하기'의 세 가지로 나뉘며, 하나의 펌웨어를 개발함에 있어 아래와 같은 흐름으로 진행된다.

이 책의 내용 역시, 학습 모듈과 같은 구성과 흐름을 갖추고 있으며, 이러한 흐름을 계속 반복하여 연습함으로써 실무 중심의 펌웨어 개발 역량을 익힐 수 있도록 하였다.

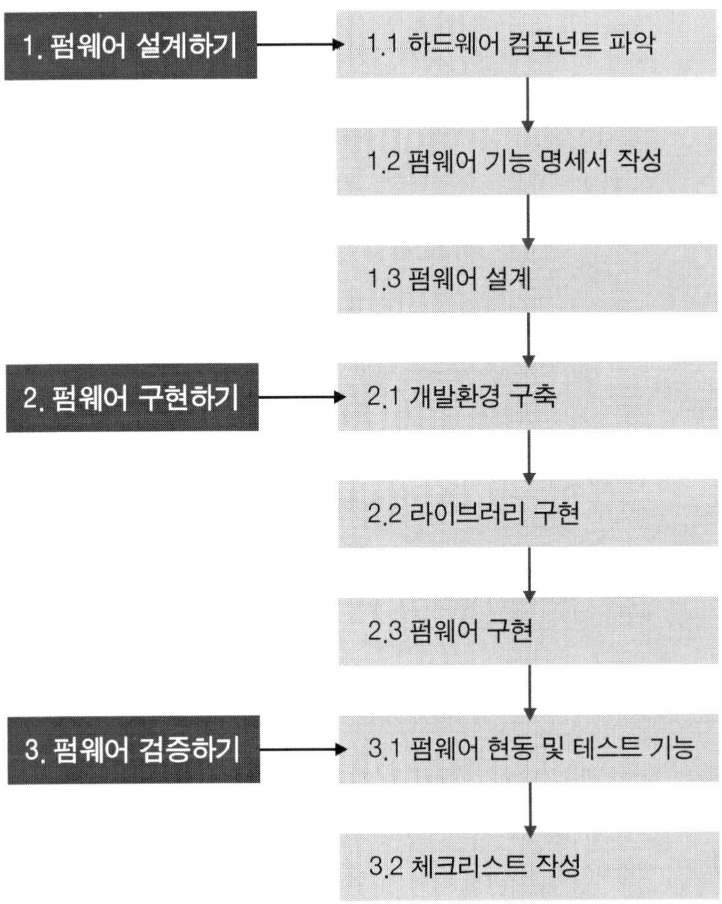

[펌웨어 개발 단계별 구분과 각 단계에 대한 설명]

<table>
<tr><th colspan="3">펌웨어 개발 단계별 구분</th><th>각 단계에 대한 설명</th></tr>
<tr><td rowspan="4">펌웨어 설계하기</td><td>하드웨어 컴포넌트 파악</td><td></td><td>실습에 사용되는 하드웨어의 구조와 특성을 설명하고, 하드웨어의 회로도를 이용하여 펌웨어 설계를 위한 하드웨어 조건을 확인한다.</td></tr>
<tr><td rowspan="2">펌웨어 기능 명세서 작성</td><td>동작 시나리오</td><td>구현하려는 펌웨어 동작의 순서를 작성한다. 동작 시나리오는 결과물을 실행할 때 발생할 수 있는 상황에 대한 흐름을 세부적으로 설명한다.</td></tr>
<tr><td>기능 명세서</td><td>동작 시나리오를 바탕으로 기능 명세서를 작성한다. 기능 명세서는 각각의 기능명과 그 기능에 대한 설명을 작성하여 펌웨어 구현시 참고하며, 체크리스트 작성의 기초가 된다.</td></tr>
<tr><td>펌웨어 설계</td><td></td><td>앞에서 작성한 동작 시나리오와 기능 명세서를 참고하여 펌웨어 설계도(Flow Chart)를 작성한다.</td></tr>
<tr><td rowspan="3">펌웨어 구현하기</td><td>개발환경 구축</td><td></td><td>실습에 필요한 준비물 및 결선방법을 설명한다.</td></tr>
<tr><td>라이브러리 구현</td><td></td><td>펌웨어 구현에 필요한 추가 함수들을 설명한다. 별도의 라이브러리가 없을 때에는 생략한다.</td></tr>
<tr><td>펌웨어 구현</td><td></td><td>앞에서 작성한 동작 시나리오, 기능 명세서, 설계도를 기반으로 펌웨어를 구현한다.</td></tr>
<tr><td rowspan="3">펌웨어 검증하기</td><td rowspan="2">펌웨어 연동 및 테스트 기능</td><td>펌웨어 연동</td><td>구현한 펌웨어와 장비를 연동하는 방법을 설명한다.</td></tr>
<tr><td>기능 테스트</td><td>장비에 다운로드한 펌웨어가 동작 시나리오대로 동작하는지 확인한다.</td></tr>
<tr><td>체크리스트 작성</td><td></td><td>기능 테스트 결과를 바탕으로 결과보고서를 작성한다. 결과보고서는 기능 명세서에서 작성한 내용을 기반으로 동작 유/무 및 이상여부를 확인한다.</td></tr>
</table>

목 차

PART 3 FND 제어 펌웨어 개발 67

PART 4 COMMUNICATION 제어 펌웨어 개발 93

PART 6 KEYPAD 제어 펌웨어 개발 149

PART 7 STEP MOTOR 제어 펌웨어 개발 171

PART 01

〈NCS 학습모듈 기반〉 아두이노(Arduino)를 이용한 펌웨어 개발 실무

아두이노 시작하기

학습목표

- ▶ 아두이노가 무엇인지 알고 장비의 구성요소를 이해한다.
- ▶ 아두이노 동작에 필요한 개발환경을 구축할 수 있다.
- ▶ 장비를 제어하기 위하여 결선 방법을 이해한다.

PART 01 아두이노 시작하기

학습목표

▶ 아두이노가 무엇인지 알고 장비의 구성요소를 이해한다.
▶ 아두이노 동작에 필요한 개발환경을 구축할 수 있다.
▶ 장비를 제어하기 위하여 결선 방법을 이해한다.

1.1 준비하기

1.1.1 아두이노란?

아두이노는 주로 Atmel사의 AVR을 사용하는 오픈소스 마이크로컨트롤러 보드이다. 임베디드 개발 경험이 전혀 없는 사람을 위해 개발된 교육용 플랫폼이기 때문에 프로그램을 작성하고 보드에 프로그램을 올리는 과정을 단순화하여 다루기 쉽게 되어 있다. 버전에 따라 조금씩 다르지만 아두이노 보드는 다음과 같다. [참조] 엔하위키 미러 "아두이노"

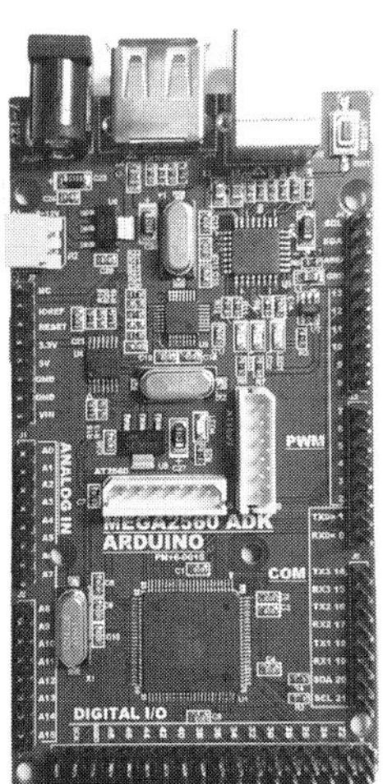

[그림 1-1] 아두이노 보드

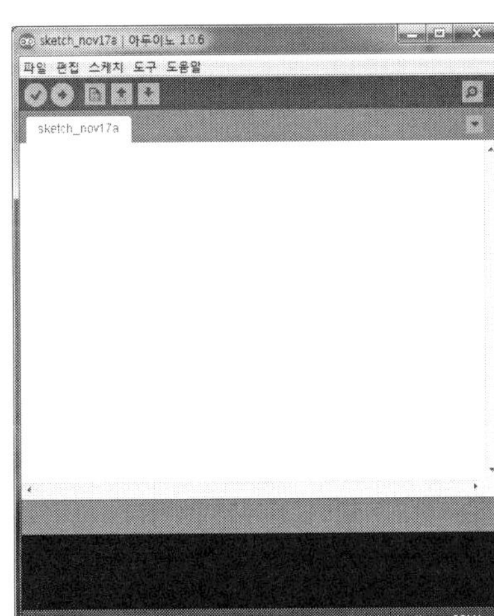

[그림 1-2] 아두이노 프로그램

1.1.2 장비 기본 구조

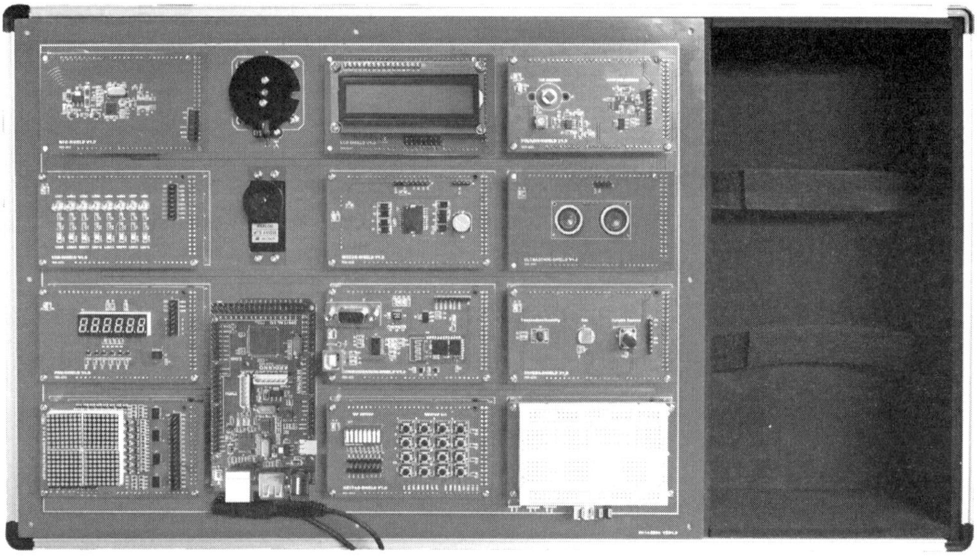

[그림 1-3] 아두이노를 이용한 펌웨어 개발 실습장치

■ 각 위치별 구성도

<table>
<tr><td>NFC</td><td>STEP MOTOR</td><td>LCD SHIELD</td><td>PIR/AXIS SHIELD</td></tr>
<tr><td>LED SHIELD</td><td>SERVO MOTOR</td><td>MOTOR SHIELD</td><td>ULTRASONIC SHIELD</td></tr>
<tr><td>FND SHIELD</td><td rowspan="2">ARDUINO</td><td>CONNECTION SHIELD</td><td>T/H/CDS/VR SHIELD</td></tr>
<tr><td>DOT MATRIX SHIELD</td><td>KEYPAD SHIELD</td><td>BREAD BOARD</td></tr>
</table>

1.1.3 장비 세부 구조

■ LED SHIELD

[그림 1-4] LED SHIELD

■ FND SHIELD

[그림 1-5] FND SHIELD

■ STEP MOTOR

[그림 1-6] STEP MOTOR

■ SERVO MOTOR

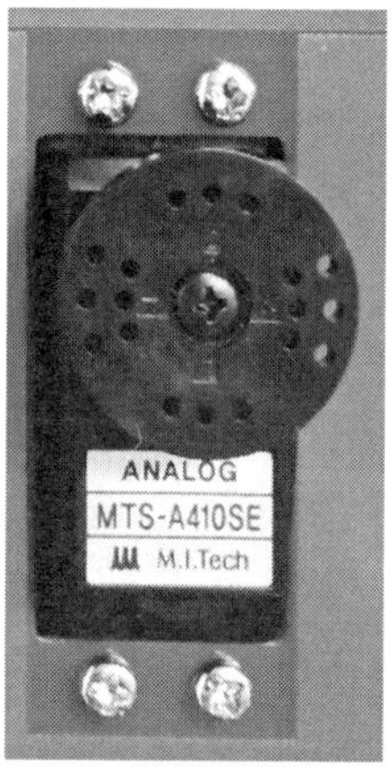

[그림 1-7] SERVO MOTOR

■ ARDUINO BOARD

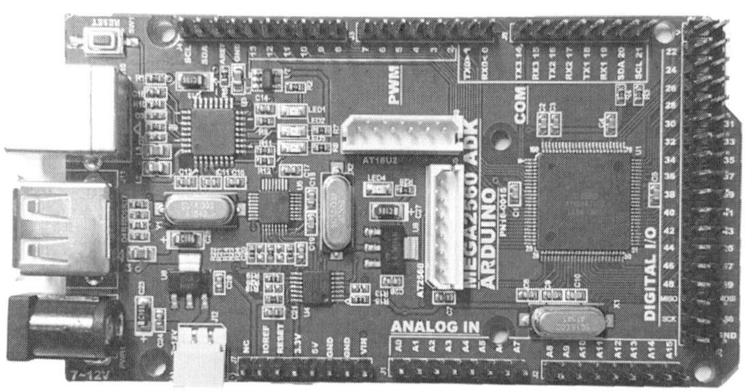

[그림 1-8] ARDUINO BOARD

■ TEXT LCD SHIELD

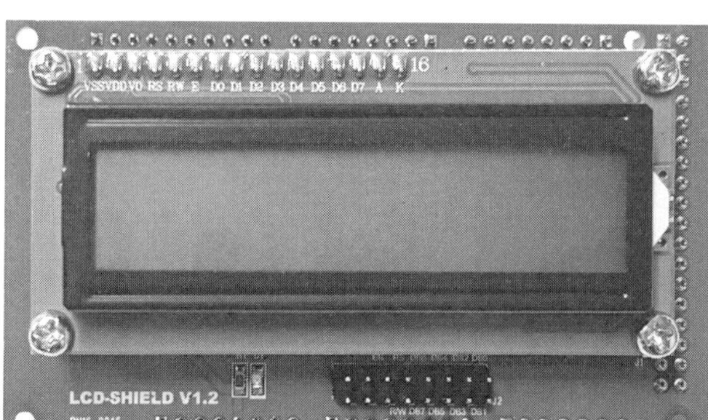

[그림 1-9] TEXT LCD SHIELD

■ MOTOR SHIELD

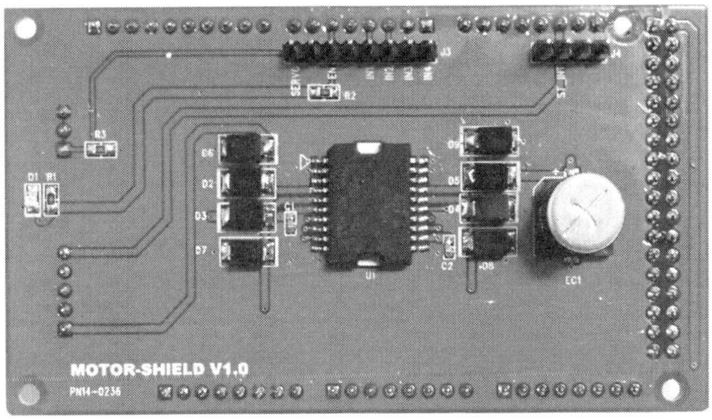

[그림 1-10] MOTOR SHIELD

■ COMMUNICATION SHIELD

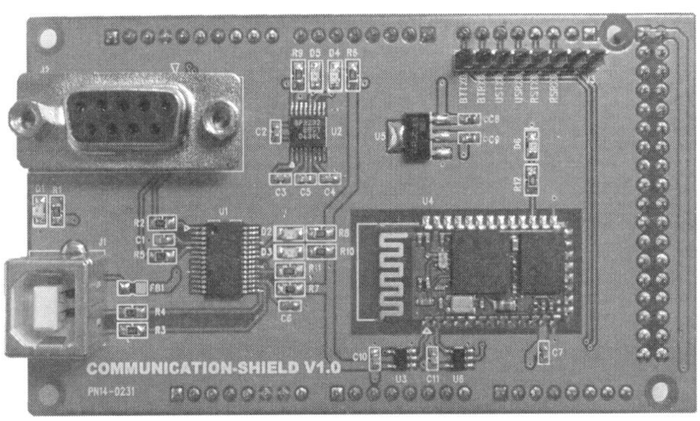

[그림 1-11] COMMUNICATION SHIELD

■ KEYPAD SHIELD

[그림 1-12] KEYPAD SHIELD

▪ T/H/CDS SHIELD

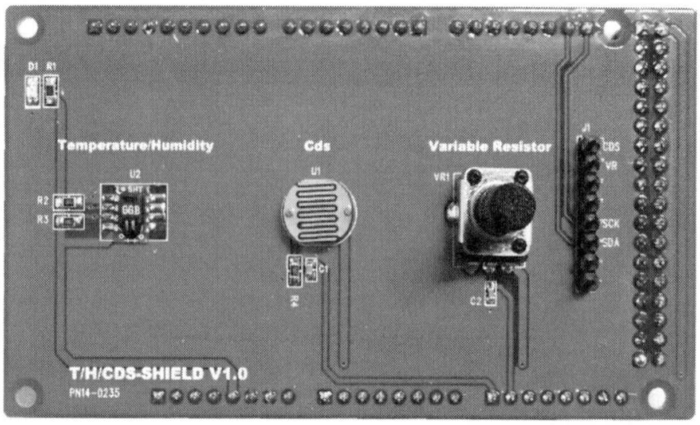

[그림 1-13] T/H/CDS SHIELD

▪ NFC ANTENNA

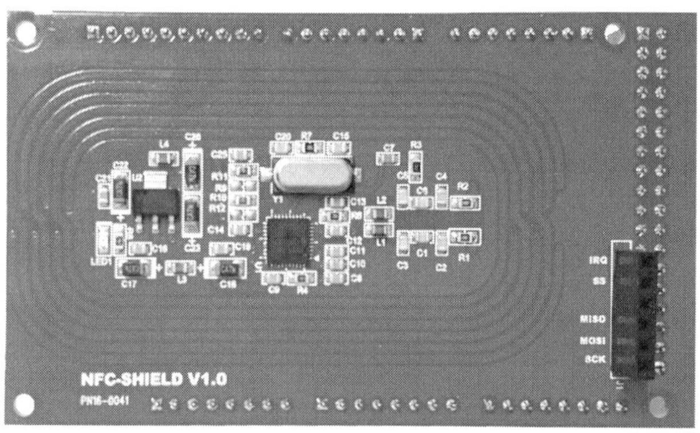

[그림 1-14] NFC ANTENNA

▪ ULTRASONIC SHIELD

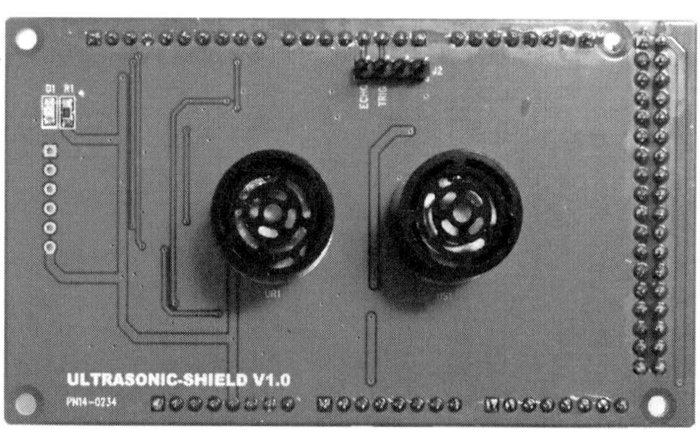

[그림 1-15] ULTRASONIC SHIELD

■ PIR/AXIS SHIELD

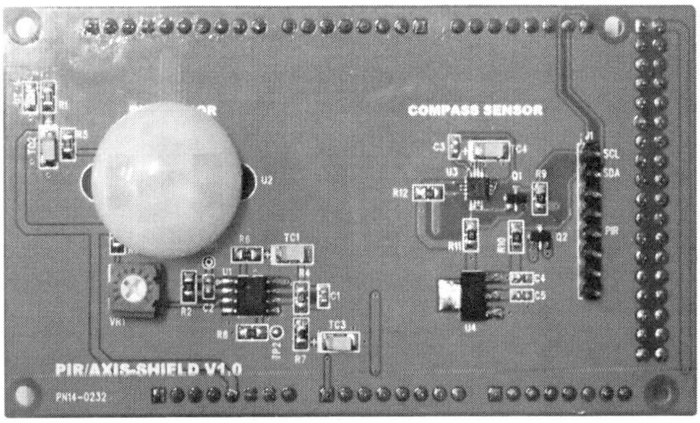

[그림 1-16] PIR/AXIS SHIELD

■ DOT MATRIX SHIELD

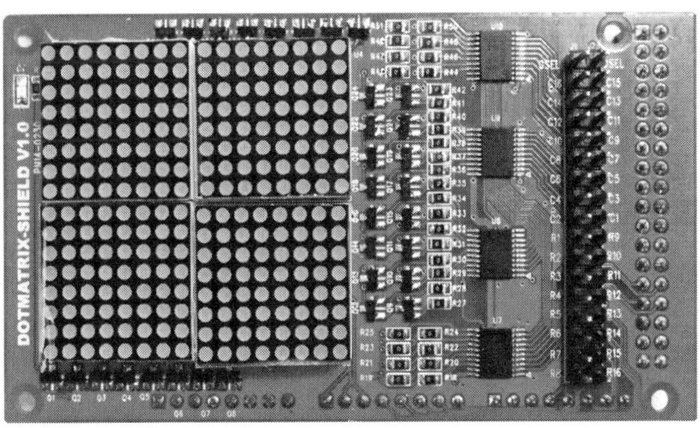

[그림 1-17] DOT MATRIX SHIELD

■ BREAD BOARD SHIELD

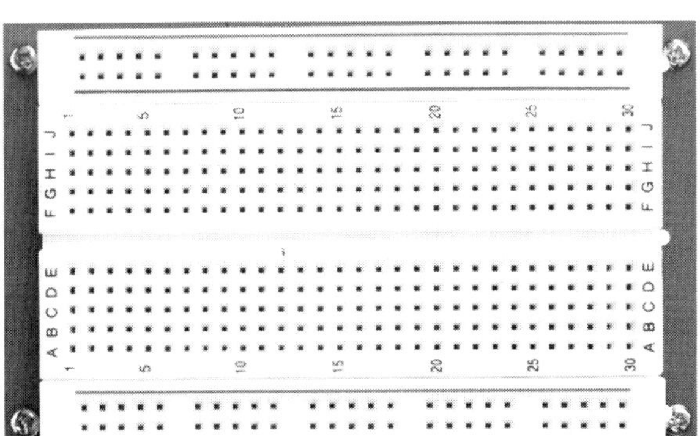

[그림 1-18] BREAD BOARD SHIELD

1.2 실습하기

1.2.1 개발환경 구축(아두이노 설치)

① 아두이노 소프트웨어 툴은 아두이노 홈페이지에서 무료로 다운로드 가능하다.

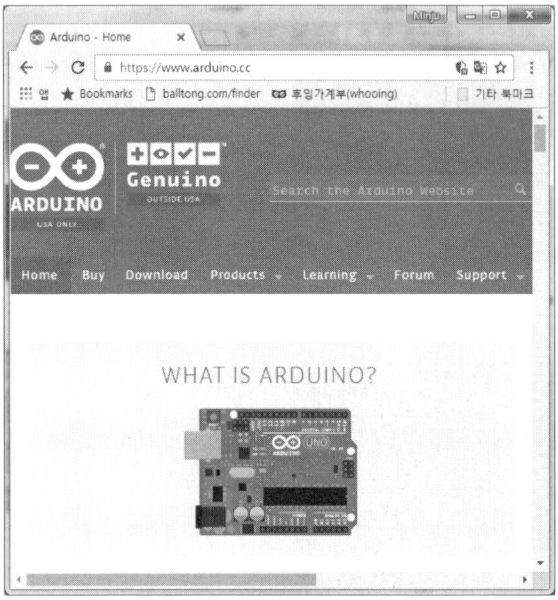

http://arduino.cc/

[그림 1-19] 아두이노 홈페이지

② Download를 선택한다.

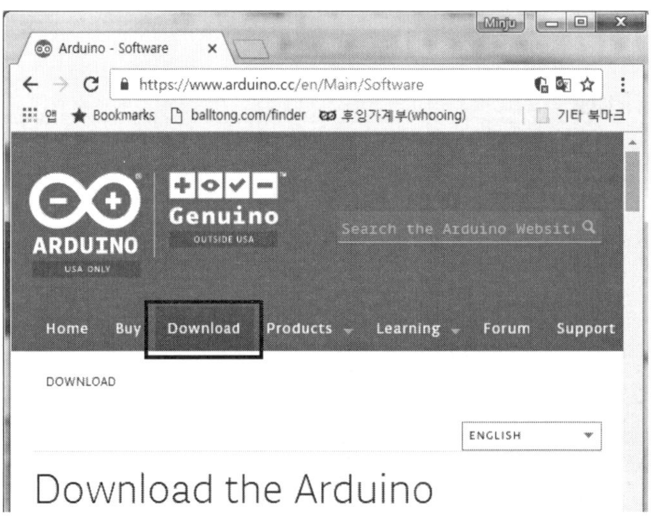

[그림 1-20] Download 선택

③ 새로운 버전의 Arduino Windows Installer를 선택한다.

[그림 1-21] Windows Installer 선택

④ 'JUST DOWNLOAD'를 선택한다.

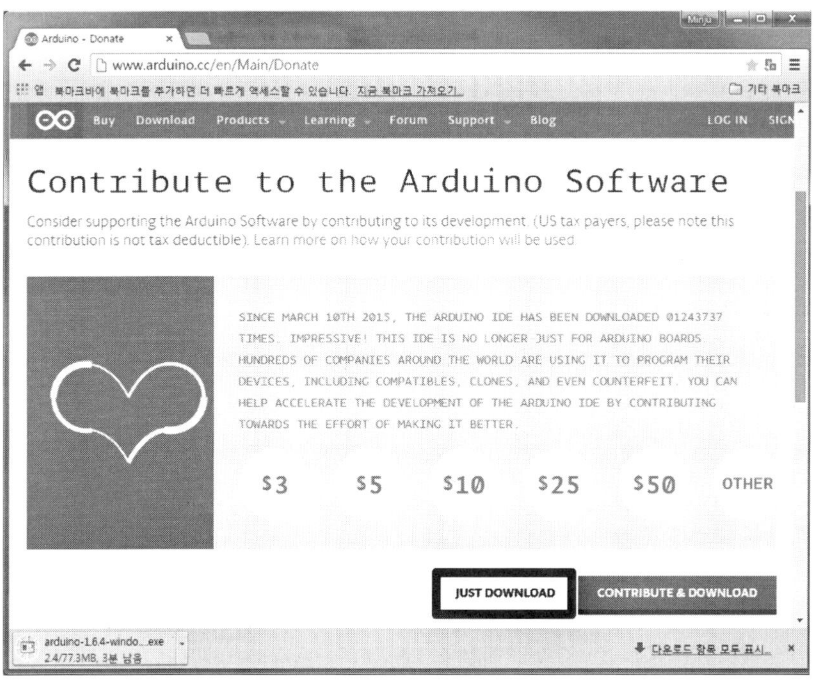

[그림 1-22] 저장하기

⑤ 다운로드 받은 파일을 실행한다.

[그림 1-23] 설치파일 실행

⑥ 라이선스 동의에서 'I Agree'를 선택한다.

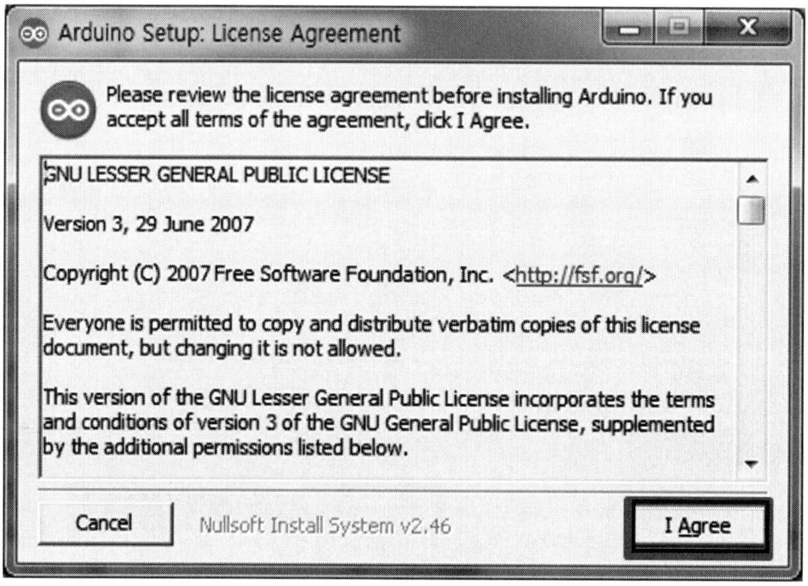

[그림 1-24] 라이센스 동의

⑦ 설치 옵션에서 디폴트 값으로 두고 'Next'를 선택한다.

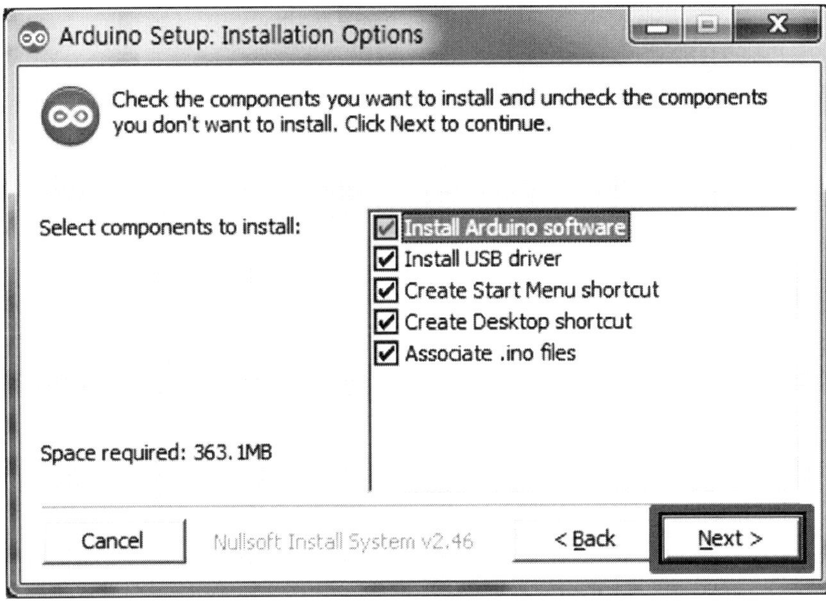

[그림 1-25] 설치 옵션

⑧ 설치 위치를 설정한다. 디폴트 값으로 두고 'Install'을 선택한다.

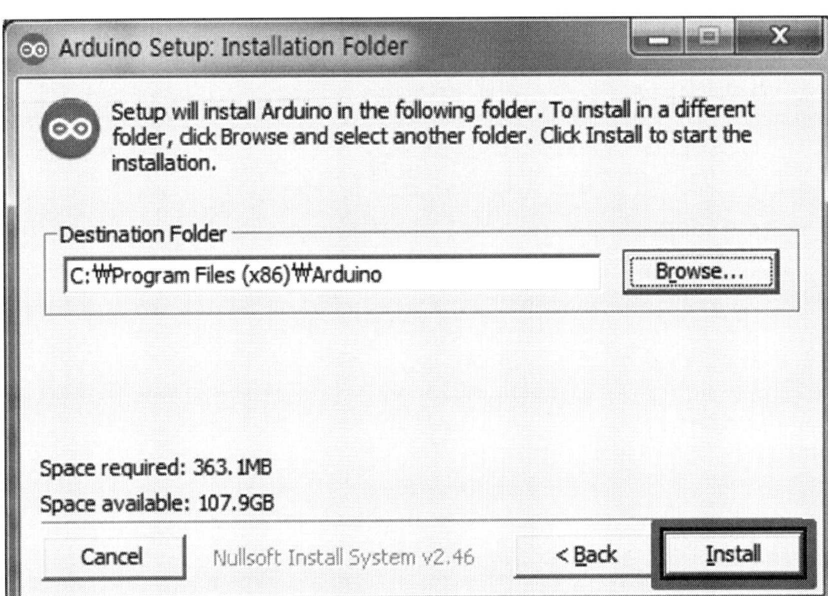

[그림 1-26] 설치 폴더

⑨ 설치가 진행된다.

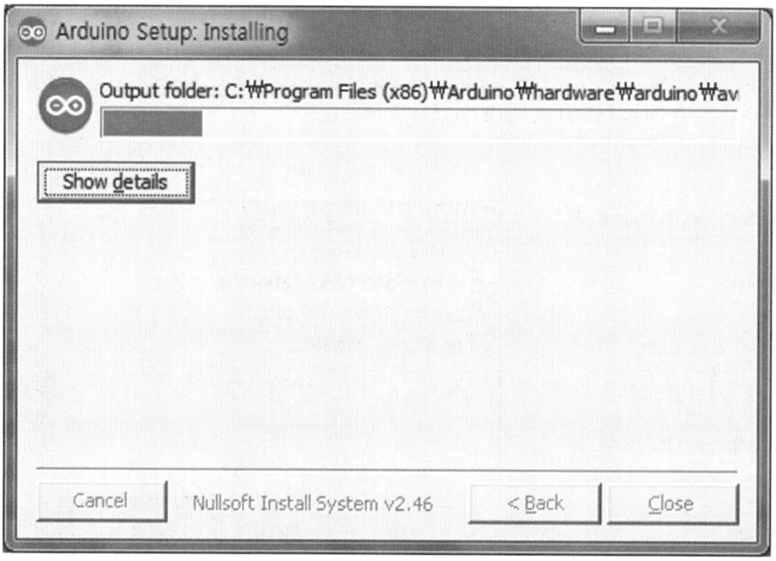

[그림 1-27] 설치 진행

⑩ 아두이노 USB 드라이버 설치를 함께 진행하기 위해 '설치'를 선택한다.

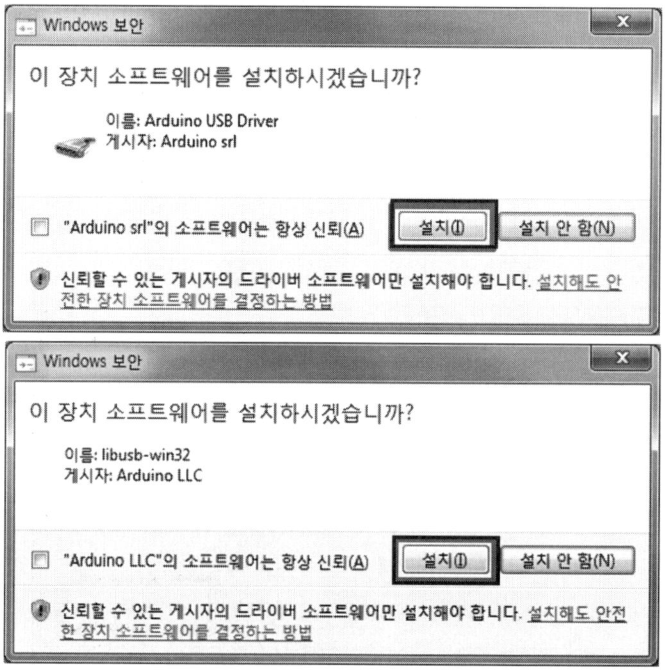

[그림 1-28] USB 드라이버 설치

⑪ 설치가 완료되면 'Close'를 선택한다.

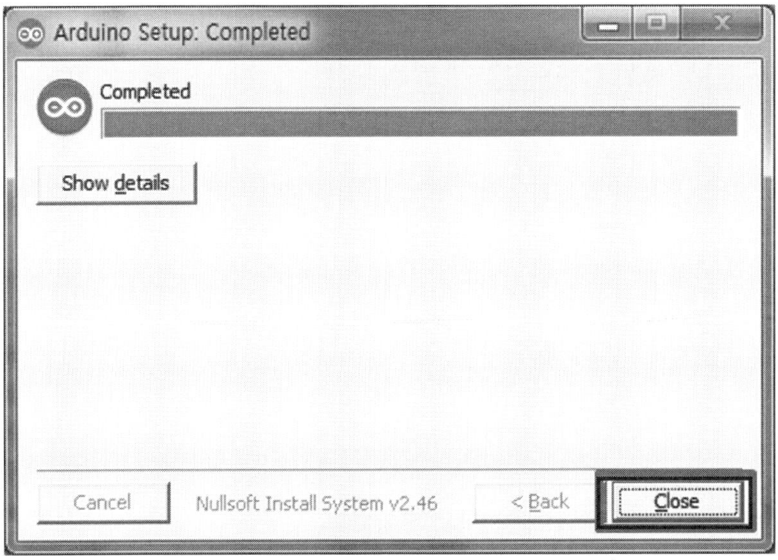

[그림 1-29] 설치 완료

⑫ Arduino를 실행한다.

[그림 1-30] Arduino 실행

⑬ Arduino를 실행하면 아래와 같이 화면이 나타난다.

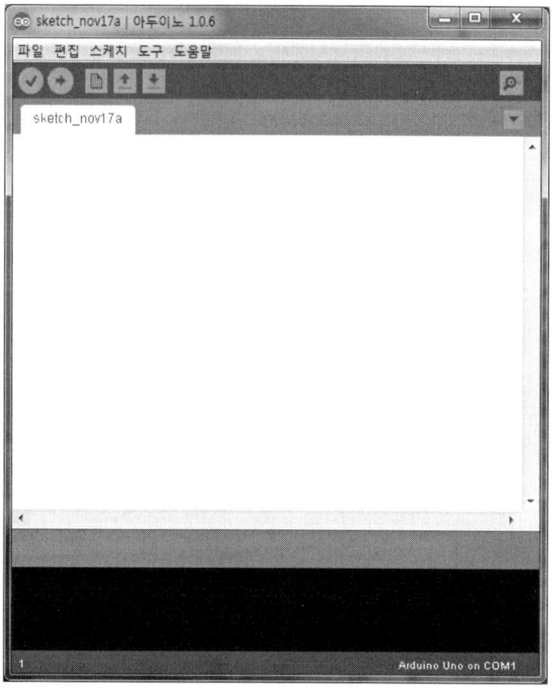

[그림 1-31] Arduino 프로그램 실행

1.2.2 드라이버 설치

아두이노 프로그램을 설치 시 드라이버 소프트 웨어가 함께 설치된다. 만약 설치가 안 되었을 경우 다음과 같이 진행하여 USB 드라이버를 설치한다.

① Arduino MEGA ADK와 PC를 USB-AB Type으로 연결한다.

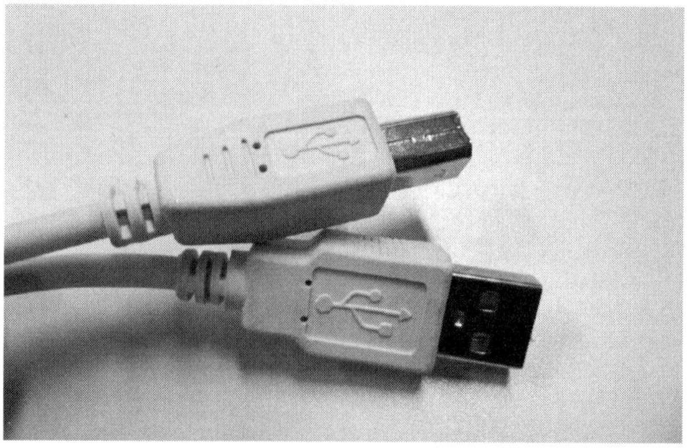

[그림 1-32] USB Cable

② Arduino Mega ADK 보드에 불이 들어오고 드라이버 검색이 자동으로 시작된다. 만약 이전에 Arduino Mega ADK 보드를 연결한 적이 있다면 자동으로 드라이버를 잡는다.

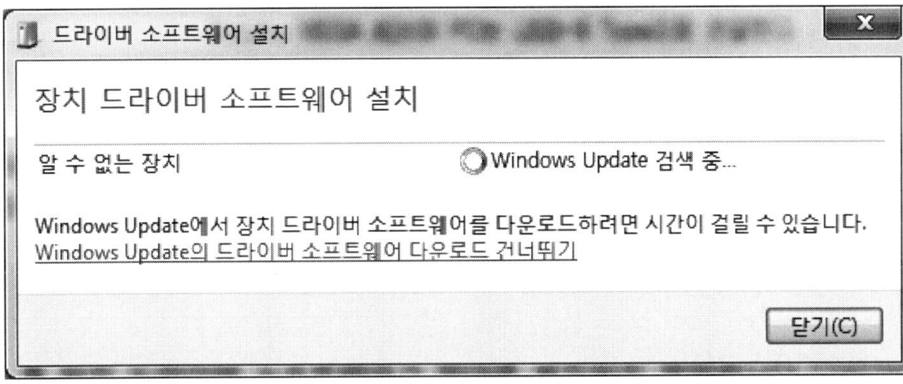

[그림 1-33] 자동 드라이버 설치

③ Arduino Mega ADK 보드를 PC와 처음 연결했다면 장치 드라이버 설치 실패 메시지가 뜬다.

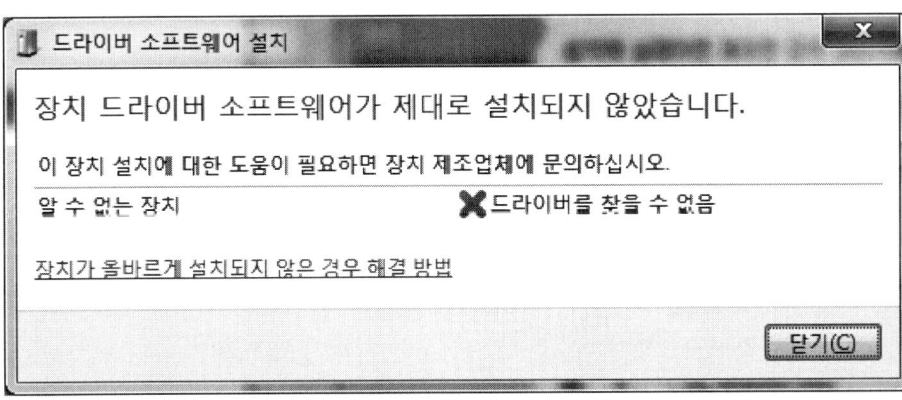

[그림 1-34] 드라이버 설치 실패

④ '제어판 → 시스템 → 장치 관리자'로 들어가 알 수 없는 장치를 찾아 소프트웨어 업데이트를 한다.

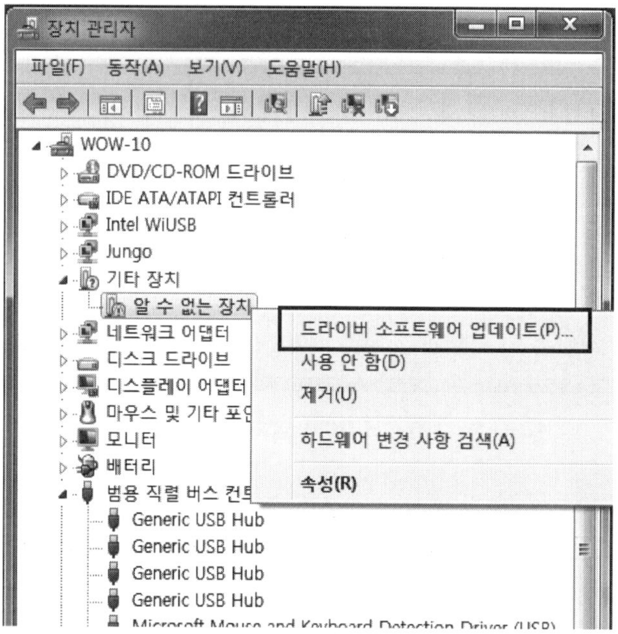

[그림 1-35] 장치관리자

⑤ Arduino IDE가 설치된 폴더를 지정해주고 '다음'을 선택한다.

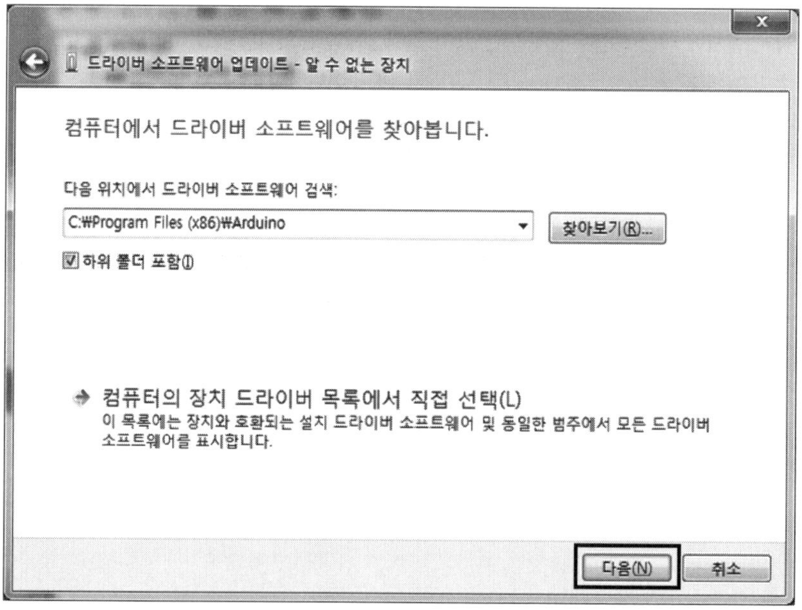

⑥ 잠시후 Windows 보안 창으로 설치 메시지를 알린다. '설치' 버튼을 선택한다.

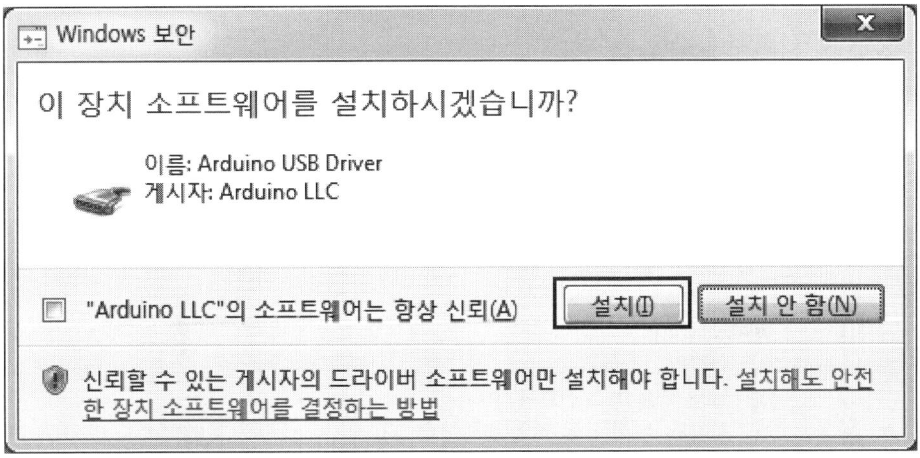

[그림 1-37] 설치 안내 메세지

⑦ 설치가 완료되면 Arduino Mega ADK 설치 성공 메시지가 뜬다.

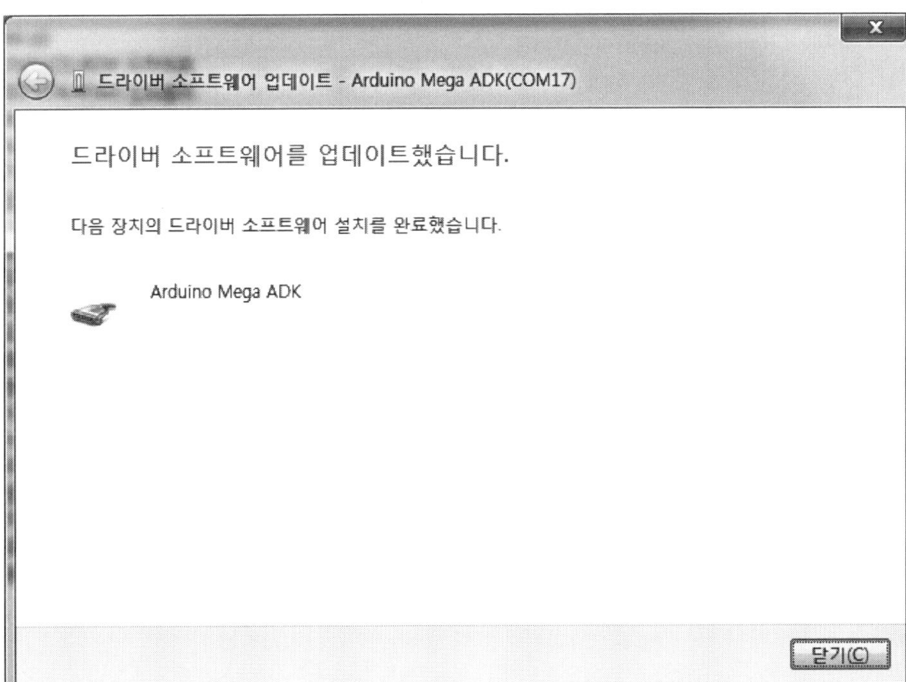

[그림 1-38] 드라이버 업데이트 완료

⑧ 다시 장치 관리자로 들어가 성공적으로 설치된 것을 확인한다.
(여기서 COM 번호는 PC에 따라 달라질 수 있다.)

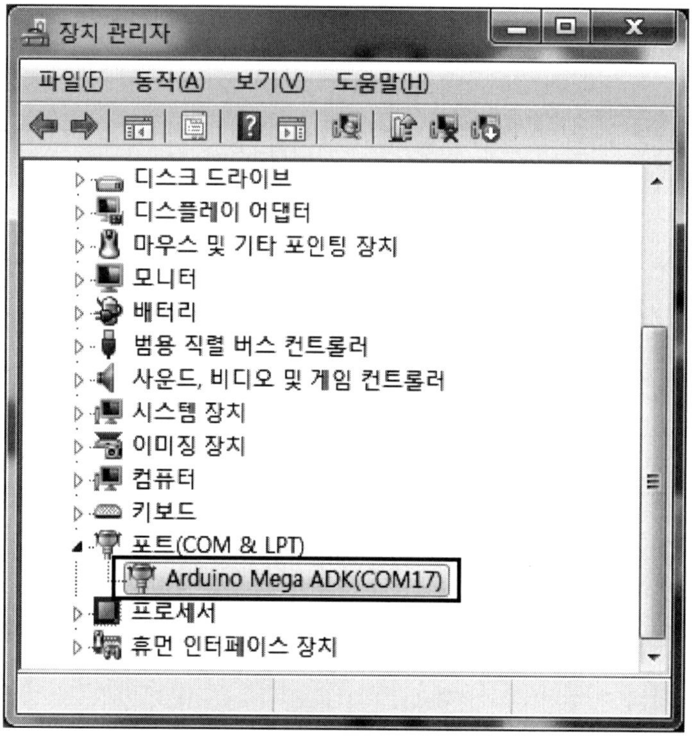

[그림 1-39] 장치관리자 확인

1.2.3 장비 연결 방법

Arduino는 기본적으로 다양한 파생 제품이 존재하여 사용되는 IC에 따라 핀의 위치가 달라질 수 있다. 그렇기 때문에 Arduino IDE에서는 프로그램을 위해 타겟 보드를 지정해 주어야 한다.

① 본 교재에서 사용하는 Arduino Mega ADK를 타겟 보드로 지정하는 방법은 상단 메뉴 바에서 '도구 → 보드'로 들어가면 다양한 Arduino 보드들이 나오는데, 그중에서 "Arduino Mega 2560 or Mega ADK" 라는 항목을 선택하면 된다.

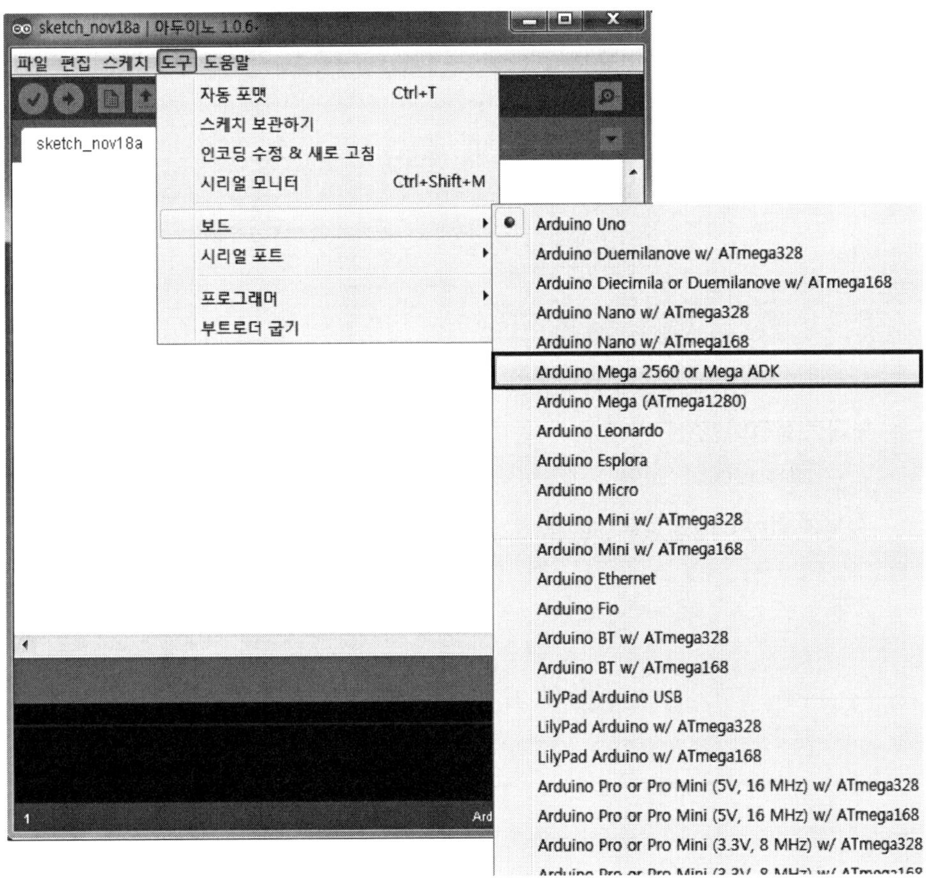

[그림 1-40] 보드 선택

② 프로그램 다운로드를 위한 포트를 잡아주기 위해서 상단 메뉴 바에서 '도구 → 시리얼 포트'로 들어가면 COM 포트들이 뜨는데, 앞서 장치 관리자에서 확인한 포트 번호를 선택해주면 된다. 만약, COM 포트가 목록에 없다면 Arduino Mega ADK의 연결을 다시 확인해야 한다.

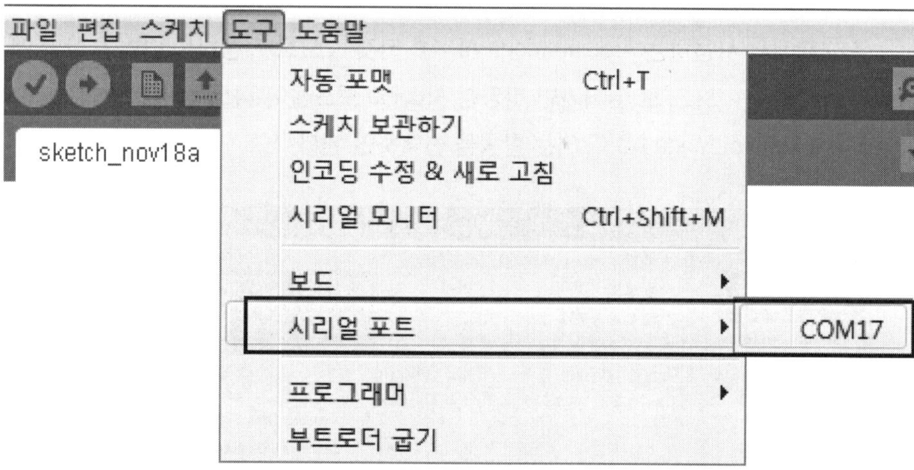

[그림 1-41] 보드 선택

③ 제대로 설정이 됐는지 확인하기 위해, 간단한 예제를 업로드 하겠다.
상단 메뉴 바에서 '파일 → 예제 → 02. Digital'로 들어가면 'Blink'라는 Arduino Mega ADK에 있는 LED를 깜빡이는 예제가 있다. 이것을 선택하여 예제를 불러온다.

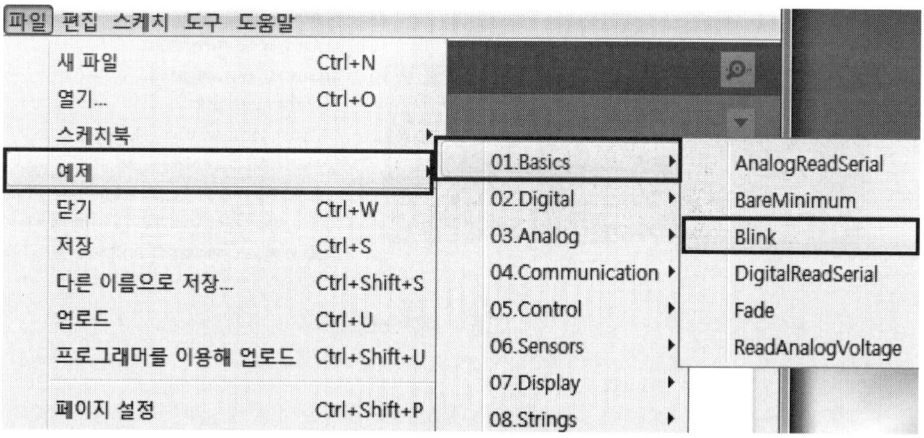

[그림 1-42] 예제 불러오기

④ 네모 상자(오른쪽 화살표)로 표시된 버튼을 눌러 정상적으로 업로드가 된다면 설정이 성공적으로 끝난 것이다.

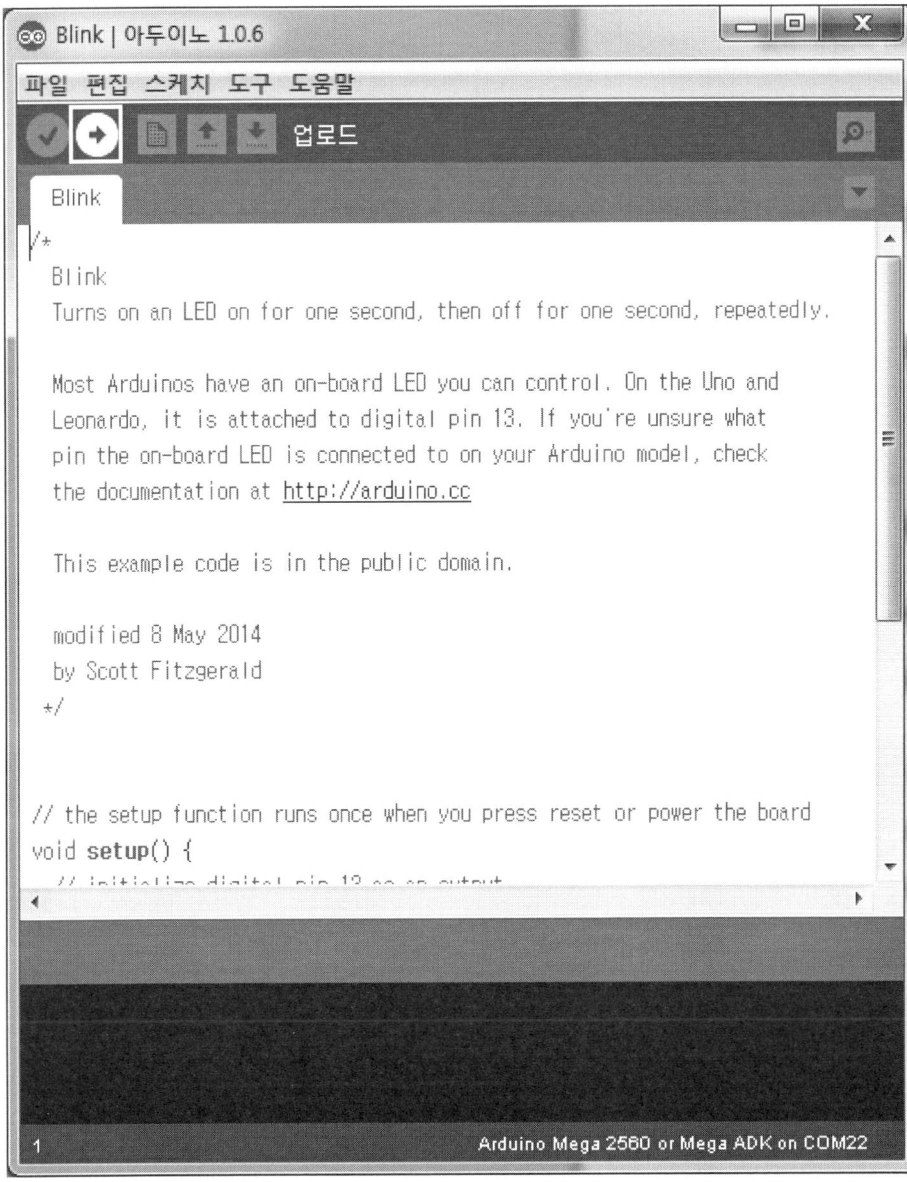

[그림 1-43] 업로드

⑤ 성공적으로 업로드가 되었다면 아두이노 보드의 LED가 깜박이는 것을 확인할 수 있다.

1.2.4 장비 핀 맵

장비의 아두이노와 쉴드에 연결하는 핀 맵이다. 이는 사용자에 의해 변경이 가능하다.

■ LED

① RED LED

LED	LED1	LED2	LED3	LED4	LED5	LED6	LED7	LED8
ARDUINO	22	23	24	25	26	27	28	29

② BLUE LED

LED	LED9	LED10	LED11	LED12	LED13	LED14	LED15	LED16
ARDUINO	37	36	35	34	33	32	31	30

■ FND

① FND PIN

FND	A	B	C	D	E	F	G	DP
ARDUINO	37	36	35	34	33	32	31	30

② DIGIT SELECT

FND	COM1	COM2	COM3	COM4	COM5	COM6
ARDUINO	22	23	24	25	26	27

■ LCD

① CONTROL PIN

LCD	RS	RW	E
ARDUINO	41	40	39

② DATA PIN

LCD	D4	D5	D6	D7
ARDUINO	45	44	43	42

■ DOT MATRIX

① COLUMN PIN

DOT MATRIX	C1	C2	C3	C4	C5	C6	C7	C8
ARDUINO	49	48	47	46	45	44	43	42
DOT MATRIX	C9	C10	C11	C12	C13	C14	C15	C16
ARDUINO	37	36	35	34	33	32	31	30

② ROW PIN

DOT MATRIX	R1	R2	R3	R4	R5	R6	R7	R8
ARDUINO	A0	A1	A2	A3	A4	A5	A6	A7
DOT MATRIX	R9	R10	R11	R12	R13	R14	R15	R16
ARDUINO	A8	A9	A10	A11	A12	A13	A14	A15

③ CONTROL PIN

DOT MATRIX	GSEL	OSEL
ARDUINO	D22	D23

■ DIP SW

DIP SW	DIP1	DIP2	DIP3	DIP4	DIP5	DIP6	DIP7	DIP8
ARDUINO	A0	A1	A2	A3	A4	A5	A6	A7

■ KEYPAD

① KEYPAD COLUMN

KEYPAD	COL1	COL2	COL3	COL4
ARDUINO	A12	A13	A14	A15

② KEYPAD ROW

KEYPAD	ROW1	ROW2	ROW3	ROW4
ARDUINO	A8	A9	A10	A11

■ SERVO MOTOR

SERVO	SERVO
ARDUINO	7

■ STEP MOTOR

① STEP PIN

STEP	A' (IN-1)	A (IN-2)	B (IN-3)	B' (IN-4)
ARDUINO	3	2	1	0

② CONTROL PIN

STEP	EN
ARDUINO	7

■ COMPASS SENSOR

COMPASS	SDA	SCL
ARDUINO	20	21

■ PIR SENSOR

PIR	PIR
ARDUINO	A0

■ ULTRASONIC SENSOR

ULTRASONIC	TRIG	ECHO
ARDUINO	2	3

■ NFC

NFC	MISO	MOSI	SCK	SS	SPI
ARDUINO	50	51	52	53	10

■ TEMP/HUMI SENSOR

TEMP/HUMI	SDA	SCL
ARDUINO	20	21

■ CDS SENSOR

	CDS
ARDUINO	A8

■ VR SENSOR

	VR
ARDUINO	A9

■ BLUETOOTH

BLUETOOTH	BTTXD	BTRXD
ARDUINO	14	15

PART
02

〈NCS 학습모듈 기반〉 아두이노(Arduino)를 이용한 펌웨어 개발 실무

LED 제어 펌웨어 개발

학습목표

▶ 개별 LED의 ON/OFF 동작을 제어할 수 있다.
▶ 시간 지연을 사용하여 LED의 ON/OFF 동작을 반복하여 제어할 수 있다.
▶ LED 컨트롤 펌웨어 개발을 위하여 기능 명세서를 작성하고, 이를 바탕으로 펌웨어를 개발할 수 있다.

PART 02

LED 제어 펌웨어 개발

이번 장에서는 LED 소자의 동작 방법을 이해하고, 아두이노를 이용하여 LED를 컨트롤한다. 또한 기능 명세서를 바탕으로 펌웨어 개발환경을 구축하고, LED 컨트롤에 적용할 펌웨어의 설계, 구현, 검증을 수행한다.

실습 2-1 LED ON 제어 펌웨어 개발

학습목표

▶ 개별 LED의 ON/OFF 동작을 제어할 수 있다.

▶ LED 컨트롤 펌웨어 개발을 위하여 기능 명세서를 작성하고, 이를 바탕으로 펌웨어를 개발할 수 있다.

1.1 펌웨어 설계하기

1.1.1 하드웨어 컴포넌트 파악

(1) LED(Light Emitting Diode), 발광 다이오드 혹은 빛나는 반도체

LED(Light Emitting Diode)는 우리말로는 '발광 다이오드'라고 표기하며, 전류를 가하면 빛을 발하는 반도체 소자이다. 반도체는 크게 단원소 반도체, 화합물 반도체, 그리고 유기물 반도체로 분류되는데, LED는 이 중 화합물 반도체에 속한다.

화합물 반도체란 실리콘, 게르마늄 등 하나의 원소로 이루어진 단원소 반도체와 달리, 2종 이상의 원소로 이루어진 반도체이다. LED는 주로 갈륨비소(GaAs), 갈륨인(GaP), 갈륨비소인(GaAsP), 갈륨질소(GaN) 등으로 만들어지며, 어떤 화합물을 쓰느냐에 따라 LED 빛의 색깔이 달라진다.

유기물 반도체는 탄소와 불소 등으로 구성되어 얇고 유연한 것이 특징이다. CES 2013에서 공개되었던 플렉시블 OLED '윰(YOUM)'이 바로 유기물 반도체의 일종이다. 굽히고 말고 자유자재로 변형이 가능한 차세대 디스플레이로 전 세계의 관심을 받기도 했다.

(2) 자외선부터 적외선까지, 전기에너지를 빛에너지로 발산하는 LED

그렇다면 LED는 어떻게 빛을 발하는 것일까? LED는 쉽게 설명하면, 전기에너지를 빛에너지로 변환시켜주는 '광반도체'이다. 기본적으로 LED는 양(+)의 전기적 성질을 가진 p형 반도체와 음(-)의 전기적 성질을 지닌 n형 반도체의 이종접합 구조를 가진다. 전자(electron)가 많아 음의 성격을 띤 n형 반도체와 전자의 반대 개념인 정공(hole)이 많아 양의 성격을 띤 p형 반도체가 얇은 층 형태로 붙어 있다,

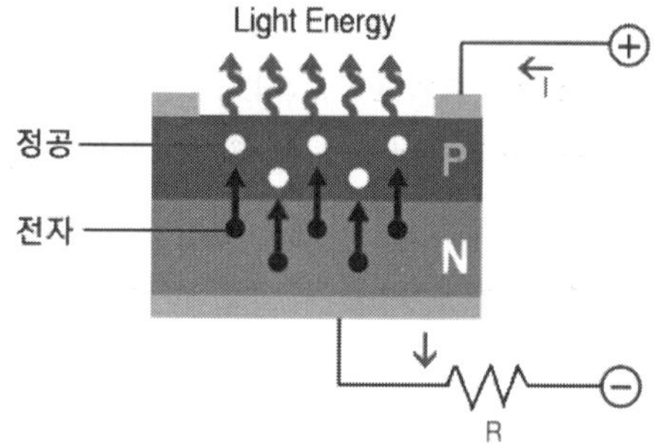

[그림 2-1] LED 구조

순방향으로 전압을 가하면 수 볼트의 전압으로 전류가 흘러 발광한다. 즉, n층의 전자가 p층으로 이동해 정공과 결합하면서 에너지를 발산하는 것이다. 이때 에너지는 주로 열이나 빛의 형태로 방출되며 빛의 형태로 발산하는 것이 바로 LED이다.

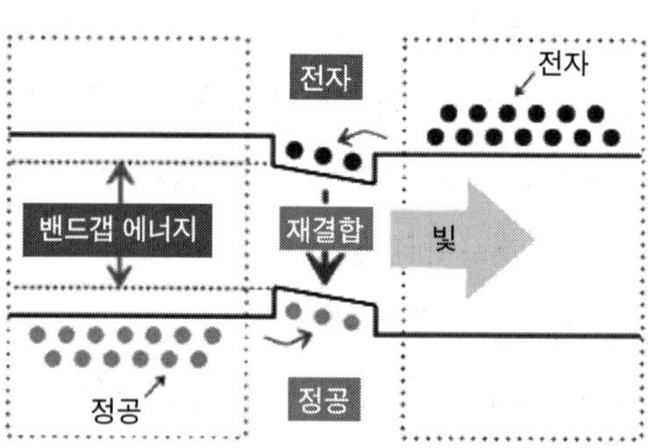

[그림 2-2] LED 발광 원리

n층의 전자와 p층의 정공이 결합하면서 전도대(Conduction Band, Ec)와 가전자대(Valance Band, Ev) 사이의 에너지 준위(eV) 차이에 따라 에너지를 발산하는데, 이 에너지 준위 차이인 밴드갭 에너지(Eg)에 따라 빛의 색상이 정해진다. 즉, 에너지의 차이가 크면 단파장인 보라색 계통의 빛을 나타내고, 에너지 차이가 작으면 장파장인 붉은색 계통의 빛이 나온다.

또한, 앞에서 어떤 화합물을 쓰느냐에 따라 LED 빛의 색깔이 달라지는데, 이는 화합물의 재료에 따라 에너지 준위(eV) 차이가 달라지기 때문이다.

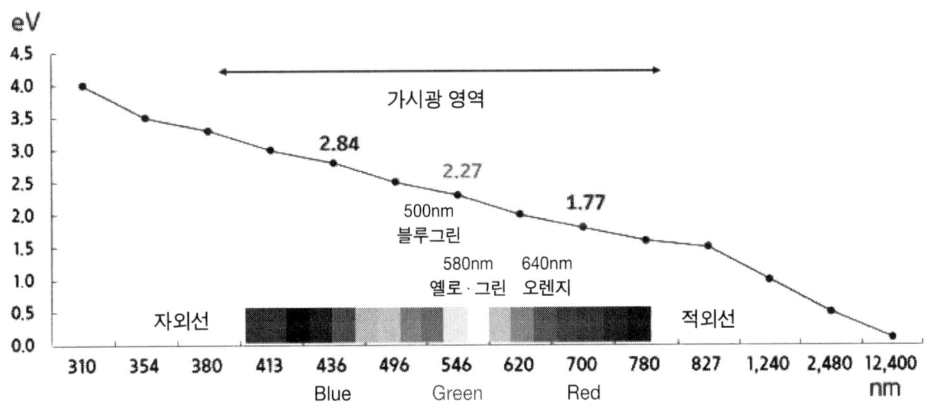

[그림 2-3] 빛의 종류

LED는 방출하는 빛의 종류에 따라 가시광선 LED(VLED), 적외선 LED(IR LED), 자외선 LED(UV LED)로 구분된다. 가시광선 LED는 전체 LED 시장의 가장 큰 비중을 차지하고 있으며 적색, 녹색, 청색, 백색 LED 등이 있다. 적외선 LED는 우리가 자주 사용하는 리모콘이나 적외선통신, cctv 적외선 카메라 등에 사용되고 있으며, 자외선 LED는 살균, 피부 치료 등 생물 · 보건 분야와 검사 목적 등으로 사용되고 있다.

(3)친환경이기에 더욱 가치 있는 광원, LED

방출하는 빛의 종류에 따라 쓰임새도 다양한 LED의 장점은 무엇인가?

① 에너지 효율은 UP↑, 전력소모는 Down↓

LED의 가장 큰 특징은 바로 '고효율, 저전력, 장수명'이라는 것이다. 전 세계적인 에너지 고갈과 환경 오염으로 고효율/저전력 기술에 관한 관심과 기대가 커지고 있는데, 친환경 특성으로 차세대 광원으로 주목받고 있는 LED는 기존 백열등 대비 1/5 수준의 전력만 소비하기 때문에 에너지를 크게 절감할 수 있는 것이 특징이다.

또한, 현재 1만에서 5만 시간에 이르는 반영구적인 장수명도 큰 장점이다. 이는 백열등 대비 15배 이상의 긴 수명으로, 하루 10시간씩 1년을 사용한다고 가정했을 때, 기본적으로 30년 이상 사용할 수 있는 장수명이다. 이렇게 사용했을 때 기존 조명 대비 전기요금이 최대 87% 수준으로 절감되는 것 또한 큰 특징이다.

② 지구를 보호하는 친환경 기술

LED는 지구를 보호하는 친환경 기술이다. 환경규제 물질로 지정된 수은(Hg)을 사용하는 형광등과 달리 LED는 수은(Hg)을 전혀 함유하지 않아, 이산화탄소(CO2)가 발생하지 않는 친환경 기술이다. 또한, 자외선과 다른 유해성분 방출이 없어, 지구와 함께 우리의 소중한 피부까지 보호할 수 있다.

③ Digital, 반도체로 빠른 응답속도

기존 아날로그 조명과 달리 LED는 디지털 반도체 소자이기 때문에 제어하기 쉽다. 빛의 색상이나 온도, 밝기 등을 제어할 수 있어 단순히 빛을 밝히는 광원이 아닌, 다양한 기능을 갖춘 조명으로 만들 수 있다. 다양한 컬러와 밝기, 디밍(Dimming) 등으로 감성적인 조명과 분위기를 연출할 수 있다. 또한, LED 칩은 반도체 소자이기 때문에 쌀알 크기보다 작다. 이처럼 작은 특성으로 공간을 절약할 수 있고, 다양한 디자인을 구현할 수 있어 새로운 가능성을 제시하고 있다.

[참고자료] 삼성반도체이야기(http://samsungsemiconstory.com/248)

(4) LED 회로도

■ LED(RED, DIP 5pi)

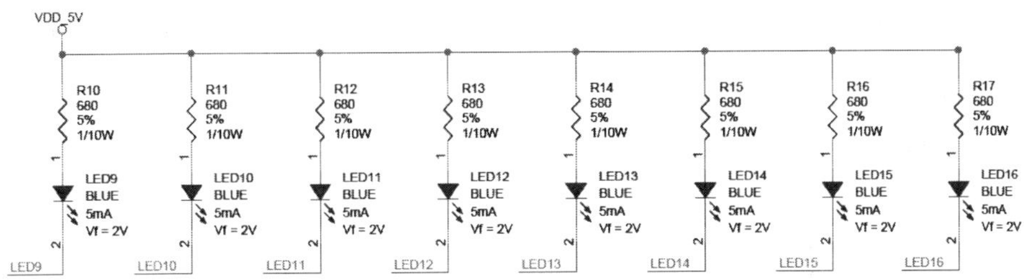

[그림 2-4] RED LED 회로도

■ LED(BLUE, SMD-3216)

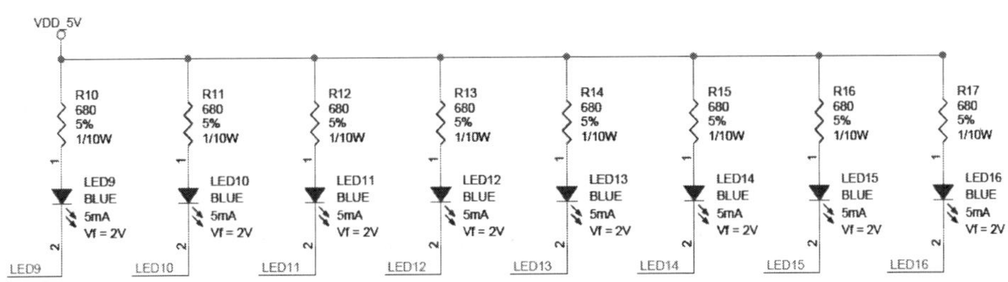

[그림 2-5] BLUE LED 회로도

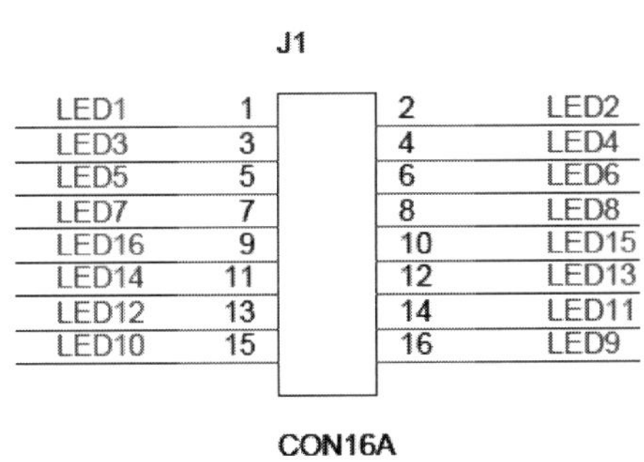

[그림 2-6] 컨넥터

1.1.2 펌웨어 기능 명세서 작성

(1) 동작 시나리오

LED 제어 포트 초기화를 위해 LED가 연결된 핀을 출력으로 설정하고, LED를 모두 OFF 시킨다.

LED1이 연결된 핀에 0을 입력하여 LED1이 ON 되도록 한다.

(2) 기능 명세서

위의 동작 시나리오로부터 기능 명세서를 작성하면 다음과 같다.

<table>
<tr><td rowspan="3">K사</td><td colspan="4">펌웨어 개발 설계서</td><td>프로젝트명</td><td>LED ON 제어</td></tr>
<tr><td>문서종류</td><td>기능 명세서</td><td>버 전</td><td>1.0</td><td>작 성 일</td><td>2016/01/01</td></tr>
<tr><td>문서번호</td><td colspan="3">K20160101-01</td><td>작 성 자</td><td>홍 길 동</td></tr>
<tr><td>구 분</td><td>기능명</td><td colspan="4">기능설명</td><td>비고</td></tr>
<tr><td>LED 제어</td><td>LED ON</td><td colspan="4">LED 핀에 0이 입력되면 ON이 된다.</td><td></td></tr>
<tr><td></td><td>LED OFF</td><td colspan="4">LED 핀에 1이 입력되면 OFF가 된다.</td><td></td></tr>
<tr><td></td><td></td><td colspan="4"></td><td></td></tr>
<tr><td></td><td></td><td colspan="4"></td><td></td></tr>
<tr><td></td><td></td><td colspan="4"></td><td></td></tr>
<tr><td></td><td></td><td colspan="4"></td><td></td></tr>
<tr><td></td><td></td><td colspan="4"></td><td></td></tr>
<tr><td></td><td></td><td colspan="4"></td><td></td></tr>
<tr><td></td><td></td><td colspan="4"></td><td></td></tr>
<tr><td></td><td></td><td colspan="4"></td><td></td></tr>
<tr><td>의견</td><td colspan="6"></td></tr>
</table>

1.1.3 펌웨어 설계

앞에서 작성한 동작 시나리오와 기능 명세서를 참고하여 펌웨어 설계도를 작성한다.

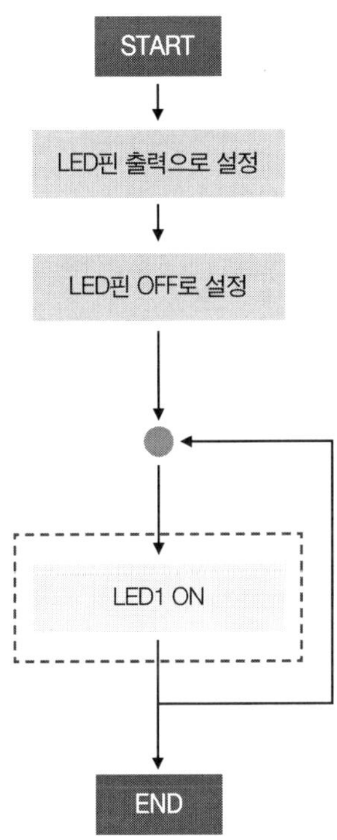

1.2 펌웨어 구현하기

1.2.1 개발환경 구축

(1) 실습 준비물

다음은 펌웨어 개발에 관련하여 필요한 준비물이다.

- ▶ 아두이노 스케치
- ▶ USB Cable
- ▶ 하드웨어(MCU, LED 모듈)
- ▶ Connect Cable

(2) 결선 방법

펌웨어 개발을 위하여 다음과 같이 연결한다.

■ LED

LED	LED1	LED2	LED3	LED4	LED5	LED6	LED7	LED8
ARDUINO	22	23	24	25	26	27	28	29

1.2.2 라이브러리 구현

별도의 라이브러리가 없으므로 생략한다.

1.2.3 펌웨어 구현

LED 제어용 출력 핀을 아두이노 호환 핀에 연결한다.

```
//                                  1   2   3   4   5   6   7   8
const int LED_RED_PIN [8] = {22, 23, 24, 25, 26, 27, 28, 29};
```

초기화를 위한 'setup()'함수이다. for문을 활용하여 LED 1~8까지를 출력으로 설정한다. 'pinMode(pin,mode)'는 디지털 데이터 값을 송/수신하기 위하여 핀 번호(pin)를 설정하며 이 핀의 입력 또는 출력 (mode)을 설정한다.

'digitalWrite(pin,value)'는 디지털 핀(pin)을 HIGH 또는 LOW로 설정하기 위해 사용한다.

```
void setup()
{
    for(int i = 0; i < 8; i++)
    {
        pinMode(LED_RED_PIN[i], OUTPUT);              // RED LED 초기화
        digitalWrite(LED_RED_PIN[i], HIGH);           // RED LED의 LOW 설정
    }
}
```

'loop()' 함수는 실제 구동을 위한 함수이다. RED LED1을 LOW로 설정하여 LED1을 ON 시킨다. 실질적인 코드가 구동되는 함수로 무한 반복된다.

```
void loop()
{
        digitalWrite(LED_RED_PIN[0], LOW);
}
```

1.3 펌웨어 검증하기

1.3.1 펌웨어 연동 및 테스트 기능

(1) 펌웨어 연동

① 아두이노 프로그램에서 확인( ) 아이콘을 클릭하여 컴파일이 수행되는 것이 하단의 Build 창에 보이는 것을 확인할 수 있다.

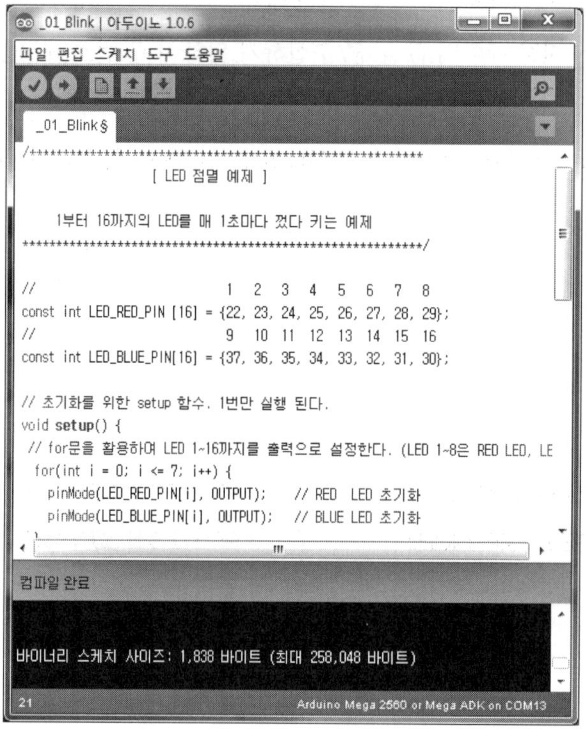

[그림 2-7] 컴파일

② 장비와 같이 제공되는 USB Cable을 이용하여 아두이노에 다운로드한다. 아래와 같이 장비와 USB Cable을 연결한다.

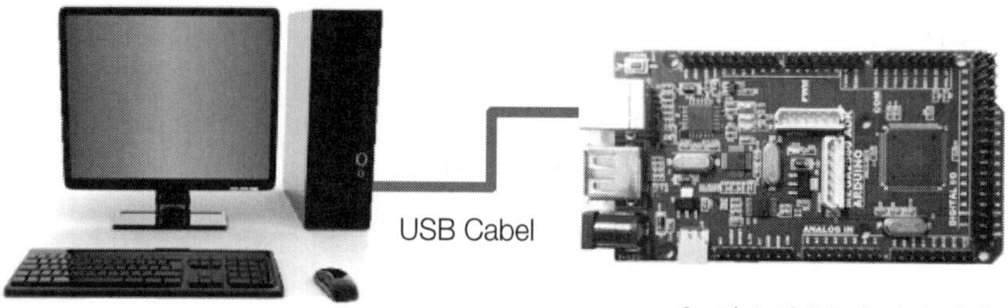

[그림 2-8] PC와 장비 연결

③ '도구 → 시리얼 포트'를 선택하여 컴퓨터와 연결된 COM 포트를 선택한다.

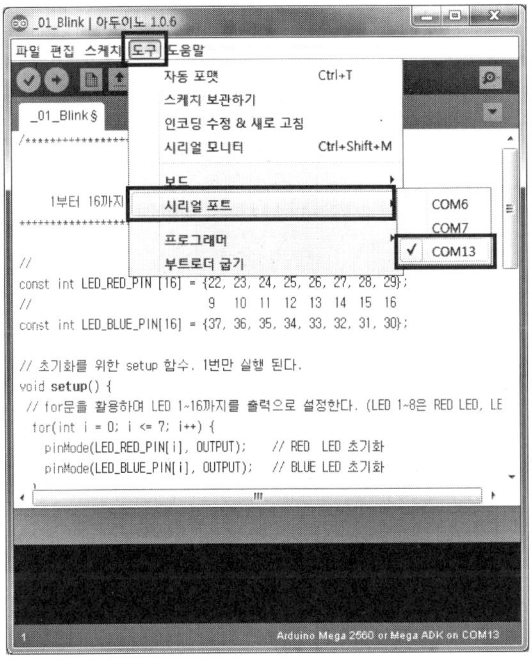

[그림 2-9] 컴포트 선택

④ 아두이노 프로그램에서 업로드( ) 아이콘을 클릭하여 아두이노에 업로드한다.

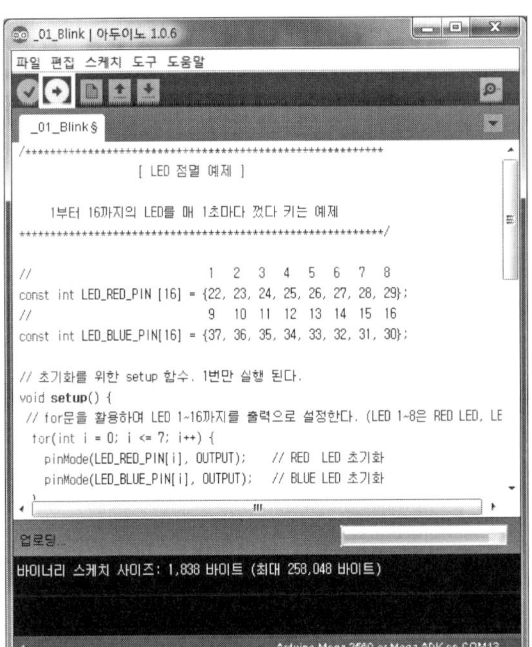

[그림 2-10] 업로드

(2) 기능 테스트

LED 1이 ON되는 것을 확인할 수 있다.

[그림 2-11] 실습 결과

1.3.2 체크리스트 작성

앞의 테스트 결과를 바탕으로 다음의 결과보고서를 작성한다.

<table>
<tr><td rowspan="3">K사</td><td colspan="4">테스트 결과보고서</td><td>프로젝트명</td><td>LED ON 제어</td></tr>
<tr><td>단 계</td><td>1차 테스트</td><td>버 전</td><td>1.0</td><td>작 성 일</td><td>2016/01/01</td></tr>
<tr><td>문서번호</td><td colspan="3">K20160101-02</td><td>작 성 자</td><td>홍 길 동</td></tr>
</table>

<table>
<tr><td colspan="4">테스트 체크리스트</td></tr>
<tr><th>구분</th><th>세부내용</th><th>결과</th><th>비고</th></tr>
<tr><td rowspan="3">펌웨어
설계</td><td>테스트 결과가 동작 시나리오와 일치하는가?</td><td></td><td></td></tr>
<tr><td>코드가 명세서에 요구하는 문제를 해결하고 있는가?</td><td></td><td></td></tr>
<tr><td>사용된 설계도가 올바르게 문제를 해결하는가?</td><td></td><td></td></tr>
<tr><td rowspan="4">펌웨어
구현</td><td>변수 이름은 의미있게 사용하였는가?</td><td></td><td></td></tr>
<tr><td>코드를 설명하는 주석문을 충분히 기록했는가?</td><td></td><td></td></tr>
<tr><td>에러가 발생하는가?</td><td></td><td></td></tr>
<tr><td>에러 메시지들은 의미가 있는가?</td><td></td><td></td></tr>
<tr><td rowspan="6">펌웨어
검증</td><td>LED가 연결된 핀에 값을 0으로 주면 LED가 ON 되는가?</td><td></td><td></td></tr>
<tr><td>LED가 연결된 핀에 값을 1로 주면 LED가 OFF 되는가?</td><td></td><td></td></tr>
<tr><td></td><td></td><td></td></tr>
<tr><td></td><td></td><td></td></tr>
<tr><td></td><td></td><td></td></tr>
<tr><td></td><td></td><td></td></tr>
<tr><td>의견</td><td colspan="3"></td></tr>
</table>

실습 2-2 LED ON/OFF 시간 제어 펌웨어 개발

학습목표

- ▶ 시간 지연을 사용하여 LED의 ON/OFF 동작을 반복하여 제어할 수 있다.
- ▶ LED 컨트롤 펌웨어 개발을 위하여 기능 명세서를 작성하고, 이를 바탕으로 펌웨어를 개발할 수 있다.

2.1 펌웨어 설계하기

2.1.1 하드웨어 컴포넌트 파악

'실습 2-1 LED ON 제어 펌웨어 개발'과 동일하므로 이를 참고한다.

2.1.2 펌웨어 기능 명세서 작성

(1) 동작 시나리오

LED 제어 포트 초기화를 위해 LED가 연결된 핀을 출력으로 설정하고, LED를 모두 OFF 시킨다.

LED1 ~ LED8이 연결되어 있는 핀을 ON/OFF 반복 동작하도록 한다. 이때 Delay 함수를 사용하여 5초간 LED가 ON이 되고, 3초간 LED가 OFF되도록 한다.

(2) 기능 명세서

앞의 동작 시나리오로부터 다음의 기능 명세서를 작성한다.

<table>
<tr><td rowspan="3">K사</td><td colspan="4">펌웨어 개발 설계서</td><td>프로젝트명</td><td>LED ON/OFF
시간 제어</td></tr>
<tr><td>문서종류</td><td>기능 명세서</td><td>버 전</td><td>1.0</td><td>작 성 일</td><td>2016/01/01</td></tr>
<tr><td>문서번호</td><td colspan="3">K20160101-01</td><td>작 성 자</td><td>홍 길 동</td></tr>
<tr><th>구 분</th><th>기능명</th><th colspan="4">기능설명</th><th>비고</th></tr>
<tr><td></td><td></td><td colspan="4"></td><td></td></tr>
<tr><td></td><td></td><td colspan="4"></td><td></td></tr>
<tr><td></td><td></td><td colspan="4"></td><td></td></tr>
<tr><td></td><td></td><td colspan="4"></td><td></td></tr>
<tr><td></td><td></td><td colspan="4"></td><td></td></tr>
<tr><td></td><td></td><td colspan="4"></td><td></td></tr>
<tr><td></td><td></td><td colspan="4"></td><td></td></tr>
<tr><td></td><td></td><td colspan="4"></td><td></td></tr>
<tr><td></td><td></td><td colspan="4"></td><td></td></tr>
<tr><td></td><td></td><td colspan="4"></td><td></td></tr>
<tr><td></td><td></td><td colspan="4"></td><td></td></tr>
<tr><td></td><td></td><td colspan="4"></td><td></td></tr>
<tr><td>의견</td><td colspan="6"></td></tr>
</table>

2.1.3 펌웨어 설계

앞에서 작성한 기능 명세서를 참고하여 펌웨어 설계도를 작성한다.

2.2 펌웨어 구현하기

2.2.1 개발환경 구축

'실습 2-1 LED ON 제어 펌웨어 개발'과 동일하므로 이를 참고한다.

2.2.2 라이브러리 구현

- void _delay_ms(double __ms)

  → 기능 : 시간을 지연시켜 주는 함수이다.

  → 인자 : ms – 지연시킬 시간(ms 단위로 기입)

2.2.3 펌웨어 구현

LED1~LED8을 동시에 5초간 ON, 3초간 OFF 시킨다.

```
//                              1  2  3  4  5  6  7  8
const int LED_RED_PIN [8] = {22, 23, 24, 25, 26, 27, 28, 29};
void setup()
{
        for(int i = 0; i < 8; i++)
        {
                pinMode(LED_RED_PIN[i], OUTPUT);          ---------- ①
                digitalWrite(LED_RED_PIN[i], LOW);        ---------- ②
        }
}
void loop()
{
    "제어 동작"
}
```

(1) 각 코드에 주석을 작성한다.

⇒ ①:

②:

(2) LED1~LED8이 동시에 ON 시키고 5초간 기다린다. 그리고 LED를 OFF 시키고 3초간 기다린다. 이 동작이 반복되도록 '제어 동작'을 작성한다.

⇒ 제어 동작 :

2.3 펌웨어 검증하기

2.3.1 펌웨어 연동 및 테스트 기능

(1) 펌웨어 연동

'실습 2-1 LED ON 제어 펌웨어 개발'과 동일하므로 이를 참고한다.

(2) 기능 테스트

LED1~LED8이 5초간 LED가 ON이 되고, 3초간 LED가 OFF되는 것을 확인할 수 있다.

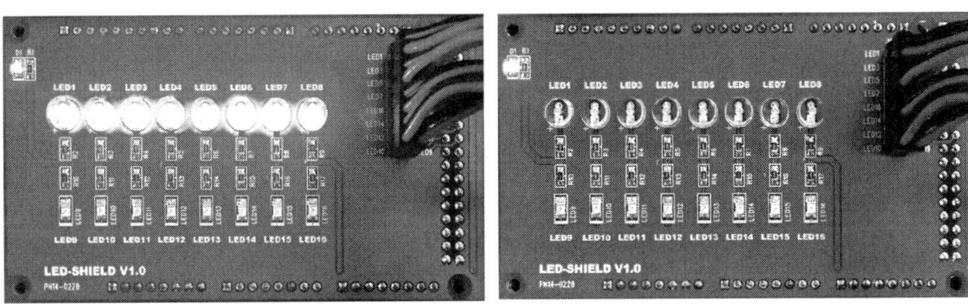

[그림 2-12] 실습 결과

2.3.2 체크리스트 작성

앞의 테스트 결과를 바탕으로 다음의 결과보고서를 작성한다.

<table>
<tr><td rowspan="3">K사</td><td colspan="4">테스트 결과보고서</td><td>프로젝트명</td><td>LED ON/OFF
시간 제어</td></tr>
<tr><td>단 계</td><td>1차 테스트</td><td>버 전</td><td>1.0</td><td>작 성 일</td><td>2016/01/01</td></tr>
<tr><td>문서번호</td><td colspan="3">K20160101-04</td><td>작 성 자</td><td>홍 길 동</td></tr>
</table>

<table>
<tr><td colspan="4">테스트 체크리스트</td></tr>
<tr><th>구분</th><th>세부내용</th><th>결과</th><th>비고</th></tr>
<tr><td rowspan="3">펌웨어
설계</td><td>테스트 결과가 동작 시나리오와 일치하는가?</td><td></td><td></td></tr>
<tr><td>코드가 명세서에 요구하는 문제를 해결하고 있는가?</td><td></td><td></td></tr>
<tr><td>사용된 설계도가 올바르게 문제를 해결하는가?</td><td></td><td></td></tr>
<tr><td rowspan="4">펌웨어
구현</td><td>변수 이름은 의미있게 사용하였는가?</td><td></td><td></td></tr>
<tr><td>코드를 설명하는 주석문을 충분히 기록했는가?</td><td></td><td></td></tr>
<tr><td>에러가 발생하는가?</td><td></td><td></td></tr>
<tr><td>에러 메시지들은 의미가 있는가?</td><td></td><td></td></tr>
<tr><td rowspan="6">펌웨어
검증</td><td></td><td></td><td></td></tr>
<tr><td></td><td></td><td></td></tr>
<tr><td></td><td></td><td></td></tr>
<tr><td></td><td></td><td></td></tr>
<tr><td></td><td></td><td></td></tr>
<tr><td></td><td></td><td></td></tr>
<tr><td>의견</td><td colspan="3"></td></tr>
</table>

PART 03

〈NCS 학습모듈 기반〉 아두이노(Arduino)를 이용한 펌웨어 개발 실무

FND 제어 펌웨어 개발

학습목표

▶ ARRAY FND의 원하는 자리에 각각 숫자를 출력할 수 있다.

▶ 숫자 증가 카운트를 FND에 출력할 수 있다.

▶ FND 컨트롤 펌웨어 개발을 위하여 기능 명세서를 작성하고, 이를 바탕으로 펌웨어를 개발할 수 있다.

PART 03 FND 제어 펌웨어 개발

이번 장에서는 FND의 동작 방법을 이해하고, 아두이노를 이용하여 FND를 컨트롤한다. 또한 기능 명세서를 바탕으로 펌웨어 개발 환경을 구축하고, FND 컨트롤에 적용할 펌웨어의 설계, 구현, 검증을 수행한다.

실습 3-1 ARRAY FND 제어 펌웨어 개발

학습목표

- ARRAY FND의 원하는 자리에 각각 숫자를 출력할 수 있다.
- FND 컨트롤 펌웨어 개발을 위하여 기능 명세서를 작성하고, 이를 바탕으로 펌웨어를 개발할 수 있다.

1.1 펌웨어 설계하기

1.1.1 하드웨어 컴포넌트 파악

(1) FND란

LED를 숫자 모양으로 보이게 배치하여 만든 것이 FND이다. FND는 'Finite Numeric Display'의 약자로서, 숫자 표시 장치라는 뜻이다. FND는 7가지의 LED 부분들로 이루어져 있는 특징 때문에 7-segment라고도 부른다.

FND의 실제 사용 예로는 디지털 시계, 전광판, 엘리베이터 숫자 표시기 등이 있다.

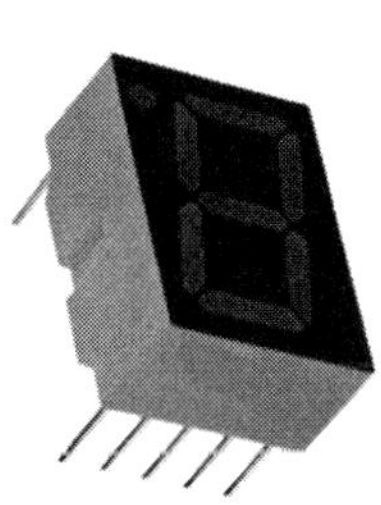

[그림 3-1] FND

[그림 3-2] 시계 숫자 표시기

FND는 어떤 원리로 숫자를 표시하는 것일까? 그 해답은 FND의 내부 모습에 있다. FND 내부에는 LED가 8개 들어있다. 각 LED 중 어떤 LED가 켜지고 꺼지는지에 따라서 FND의 밖에서 봤을 때 숫자로 보인다.

[그림 3-3]을 보면 공통 (+) Anode 타입과 공통 (–) Cathode 타입의 FND의 내부 모습이 나와 있다. 여기에서 공통 (+)라는 것은 [그림 3-3]의 왼쪽 FND의 경우로, Vcc가 모든 LED에 공통적으로 연결되어 있다는 것을 의미한다. 오른쪽의 FND는 Gnd가 공통으로 연결되어 있기 때문에 공통 (–)이다.

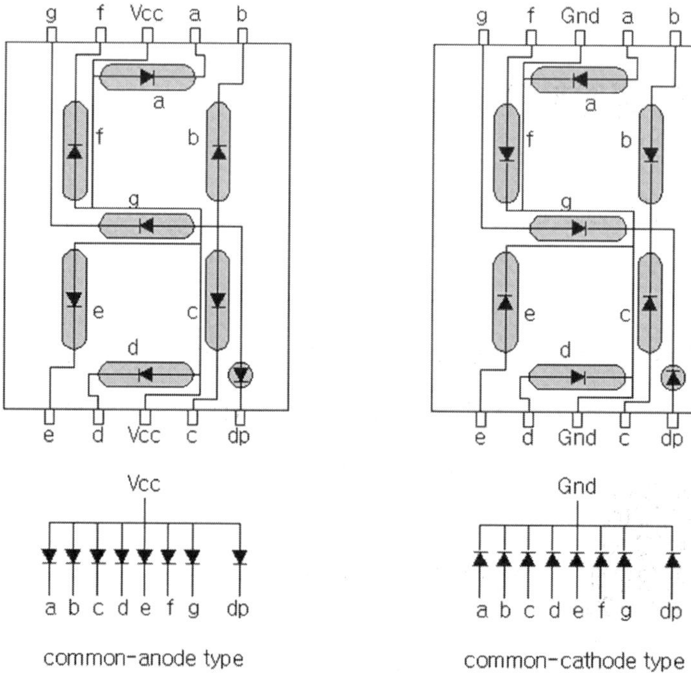

[그림 3-3] FND 내부 회로도

FND로 표현할 수 있는 숫자는 [그림 3-4]와 같습니다. 특정 LED 부분을 끄고 켜는 것만으로 숫자를 표시할 수 있다.

[그림 3-4] FND 내부 회로도

아래의 [표 3-1]은 Cathode 공통 FND의 Hex 데이터를 표시해 주는 데이터이다.

DISPLAY	HEX	dot	g	f	e	d	c	b	a
0	0x3F	0	0	1	1	1	1	1	1
1	0x06	0	0	0	0	0	1	1	0
2	0x5B	0	1	0	1	1	0	1	1
3	0x4F	0	1	0	0	1	1	1	1
4	0x66	0	1	1	0	0	1	1	0
5	0x6D	0	1	1	0	1	1	0	1
6	0x7D	0	1	1	1	1	1	0	1
7	0x07	0	0	0	0	0	1	1	1
8	0x7F	0	1	1	1	1	1	1	1
9	0x67	0	1	1	0	0	1	1	1
A	0x77	0	1	1	1	0	1	1	1
b	0x7C	0	1	1	1	1	1	0	0
C	0x39	0	0	1	1	1	0	0	1
d	0x5E	0	1	0	1	1	1	1	0
E	0x79	0	1	1	1	1	0	0	1
F	0x71	0	1	1	1	0	0	0	1
.	0x80	1	0	0	0	0	0	0	0

[표 3-1] 표시 Hex

[참고자료] 엔트리 아두이노(http://www.playsw.or.kr/repo/entry_arduino/311)

(2) FND 회로도

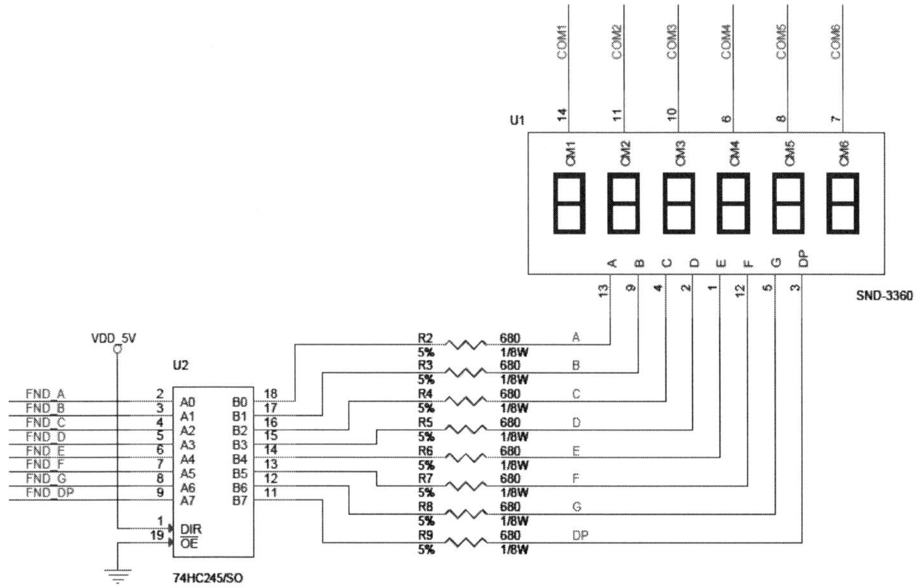

[그림 3-5] FND 회로도

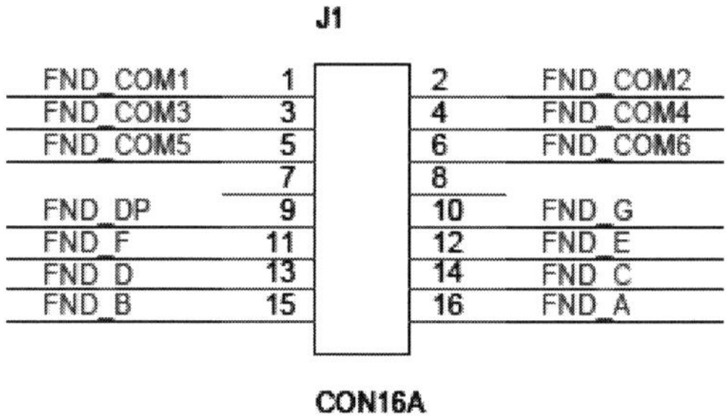

[그림 3-6] 컨넥터

1.1.2 펌웨어 기능 명세서 작성

(1) 동작 시나리오

FND 제어 포트 초기화를 위해 FND가 연결된 핀을 출력으로 설정한다.
6개의 FND에 '123456'이 각 자리마다 차례대로 출력되도록 한다.

(2) 기능 명세서

위의 동작 시나리오로부터 기능 명세서를 작성하면 다음과 같다.

<table>
<tr><td rowspan="3">K사</td><td colspan="4">펌웨어 개발 설계서</td><td>프로젝트명</td><td>ARRAY FND 제어</td></tr>
<tr><td>문서 종류</td><td>기능 명세서</td><td>버 전</td><td>1.0</td><td>작 성 일</td><td>2016/01/01</td></tr>
<tr><td>문서 번호</td><td colspan="3">K20160101-01</td><td>작 성 자</td><td>홍 길 동</td></tr>
<tr><th>구 분</th><th>기능명</th><th colspan="4">기능설명</th><th>비고</th></tr>
<tr><td>FND 제어</td><td>LED ON</td><td colspan="4">6개의 FND에 출력할 숫자를 입력하면 입력된 순서대로 숫자가 출력된다.</td><td></td></tr>
<tr><td></td><td></td><td colspan="4"></td><td></td></tr>
<tr><td></td><td></td><td colspan="4"></td><td></td></tr>
<tr><td></td><td></td><td colspan="4"></td><td></td></tr>
<tr><td></td><td></td><td colspan="4"></td><td></td></tr>
<tr><td></td><td></td><td colspan="4"></td><td></td></tr>
<tr><td></td><td></td><td colspan="4"></td><td></td></tr>
<tr><td></td><td></td><td colspan="4"></td><td></td></tr>
<tr><td></td><td></td><td colspan="4"></td><td></td></tr>
<tr><td>의견</td><td colspan="6"></td></tr>
</table>

1.1.3 펌웨어 설계

앞에서 작성한 동작 시나리오와 기능 명세서를 참고하여 펌웨어 설계도를 작성한다.

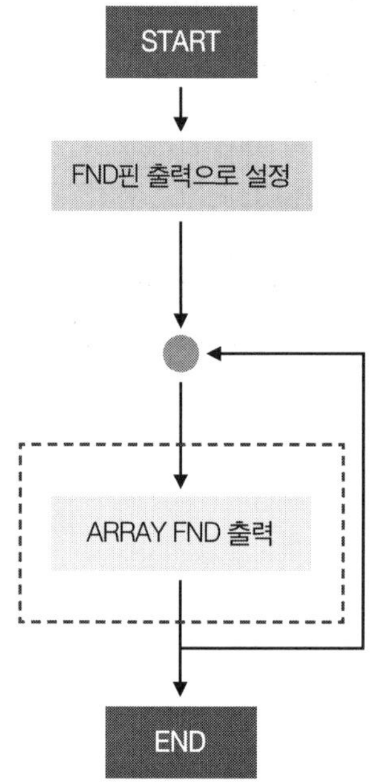

1.2 펌웨어 구현하기

1.2.1 개발환경 구축

(1) 실습 준비물

다음은 펌웨어 개발에 관련하여 필요한 준비물이다.

- ▶ 아두이노 스케치
- ▶ USB Cable
- ▶ 하드웨어(MCU, FND 모듈)
- ▶ Connect Cable

(2) 결선 방법

펌웨어 개발을 위하여 다음과 같이 연결한다.

■ FND

FND	A	B	C	D	E	F	G	DP
ARDUINO	37	36	35	34	33	32	31	30

FND	COM1	COM2	COM3	COM4	COM5	COM6
ARDUINO	22	23	24	25	26	27

1.2.2 라이브러리 구현

- void printNumber(long number)

→ 기능 : 6개의 FND에 숫자를 출력하는 함수이다.

→ 인자 : number – FND에 출력할 숫자

- void printDigit(long number, int digit)

→ 기능 : FND에 출력할 숫자의 자릿수를 선택하는 함수이다.

→ 인자 : number – 출력할 숫자 값(1자리)

digit – 출력할 FND 자리

- void printFND()

→ 기능 : 전역변수 'printFndValue' 에 저장되어 있는 값을 출력한다.

- void fnd_delay(unsigned int dly)

→ 기능 : FND의 Delay 동작과 표시 동작을 함께 수행한다.

→ 인자 : dly – 딜레이 시간으로 1/100초 단위이다.

1.2.3 펌웨어 구현

FND에 출력되는 문자를 배열로 나타낸다.

```
const int FND_NUM_DATA[10] = {
                                B00111111,      //0
                                B00000110,      //1
                                B01011011,      //2
                                B01001111,      //3
                                B01100110,      //4
                                B01101101,      //5
                                B01111101,      //6
                                B00100111,      //7
                                B01111111,      //8
                                B01101111       //9
                                  };
```

FND의 자릿수를 결정하고 출력 위치를 선택하기 위한 'NUM_DIGIT' 변수를 선언하고, FND의 값을 저장하는 전역변수 'printFndValue'를 선언하고 초기화한다. FND 데이터 제어용 출력 핀(A~dp)을 아두이노 호환핀(30~37)에 연결하고, 6개의 FND를 제어하기 위해 FND 자릿수 제어용 출력 핀을 아두이노 호환 핀(22~27)에 연결한다.

```
const int NUM_DIGIT = 6;                                        // FND자릿수의 숫자
long printFndValue = 0;                                         // FND의 값을 저장하는 전역 변수
//              A  B  C  D  E  F  G  dp
const int FND_PIN[]  = {37, 36, 35, 34, 33, 32, 31, 30};        // FND의 각 핀
//                              1   2   3   4   5   6
const int FND_DIGIT[NUM_DIGIT] = {22, 23, 24, 25, 26, 27};      // 자릿수 선택을 위한 핀
```

'setup()'함수에서는 FND 데이터 핀과 자릿수 핀을 출력으로 설정하고, FND 자릿수 핀을 LOW로 설정하여 초기화한다.

```
void setup()
{
        for(int i = 0; i < 8; i++)                    // 데이터 핀을 초기화 해준다
        {
                pinMode( FND_PIN[i], OUTPUT );
        }
        for(int i = 0; i < NUM_DIGIT; i++)            // 자릿수 핀을 초기화 해준다
        {
                pinMode( FND_DIGIT[i], OUTPUT );
        }
        for(int i = 0; i < NUM_DIGIT; i++)            // 자릿수 핀의 출력을 OFF한다.
        {
                digitalWrite( FND_DIGIT[i], LOW );
        }
}
```

'loop()' 함수에서는 'printNumber' 함수에 '123456'을 전달하여 FND에 출력한다. 실질적인 코드가 구동되는 함수로 무한 반복된다.

```
void loop()
{
        printNumber(123456);
}
```

'printNumber()' 함수는 'func_fnd.ino' 파일에 정의되어 있다. 입력받은 값이 0일 경우 모든 자리에 0을 출력하고, 0이 아닐 경우 입력받은 숫자에 나머지 연산자를 사용하여 각각의 자릿수를 결정하여 출력한다.

```
int printNumber(long number)
{
    // 입력받은 값이 0일 때 0을 출력한다.
    if(number == 0)
    {
        // 0~5까지의 배열 값으로 자릿수가 결정되기 때문에 -1을 해준다.
        printDigit(0, (NUM_DIGIT - 1) );
    }
    // 입력받은 숫자 값이 0 이상 일 때
    else
    {
        for (int digit = (NUM_DIGIT - 1); digit >= 0; digit--)
        {
            if(number > 0)
            {
                // 입력받은 숫자에 나머지 연산자를 사용, 자릿수마다 값을 추출
                printDigit(number % 10, digit) ;
                number = number / 10;
                continue;
            }
            delayMicroseconds(1450);
        }
    }
}
```

1.3 펌웨어 검증하기

1.3.1 펌웨어 연동 및 테스트 기능

(1) 펌웨어 연동

① 아두이노 프로그램에서 확인( ) 아이콘을 클릭하여 컴파일이 수행되는 것이 하단의 Build 창에 보이는 것을 확인할 수 있다.

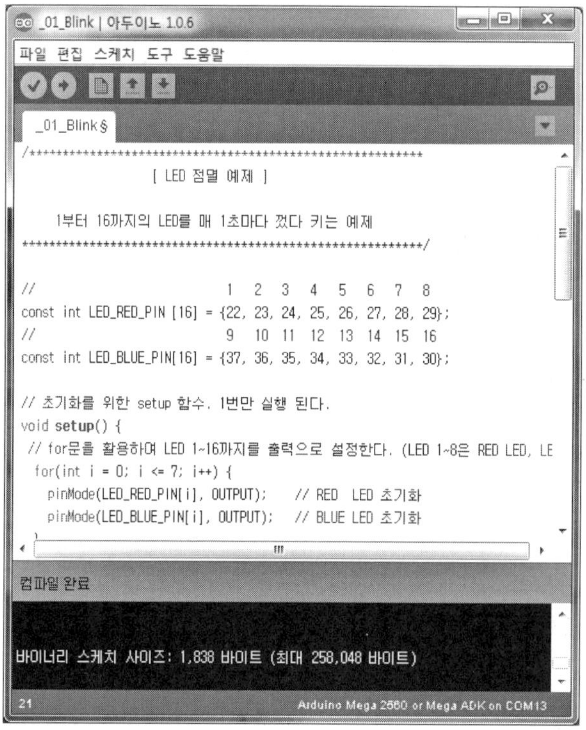

[그림 3-7] 컴파일

② 장비와 같이 제공되는 USB Cable을 이용하여 아두이노에 다운로드한다. 아래와 같이 장비와 USB Cable을 연결한다.

[그림 3-8] PC와 장비 연결

③ '도구 → 시리얼 포트'를 선택하여 컴퓨터와 연결된 COM 포트를 선택한다.

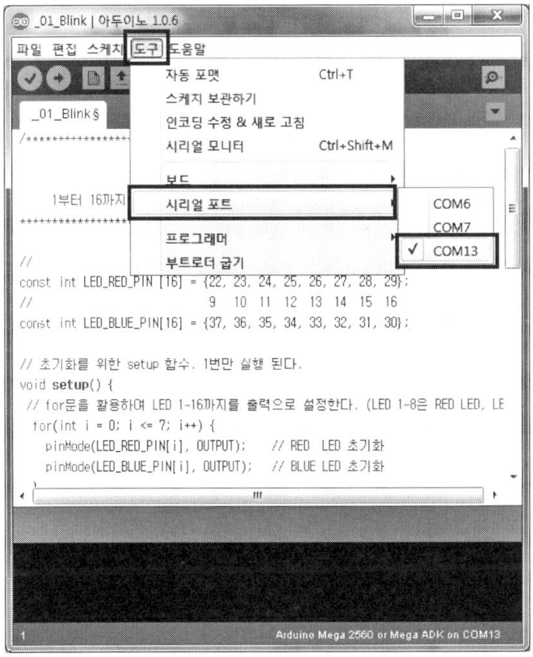

[그림 3-9] 컴포트 선택

④ 아두이노 프로그램에서 업로드(➡) 아이콘을 클릭하여 아두이노에 업로드한다.

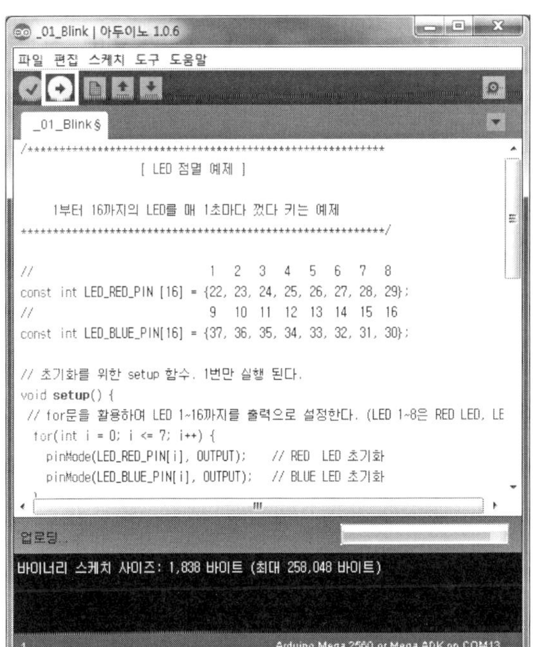

[그림 3-10] 업로드

(2) 기능 테스트

6개의 FND에 '123456'이 차례대로 출력되는 것을 확인할 수 있다.

[그림 3-11] 실습 결과

1.3.2 체크리스트 작성

앞의 테스트 결과를 바탕으로 다음의 결과보고서를 작성한다.

<table>
<tr><td rowspan="3">K사</td><td colspan="4">테스트 결과보고서</td><td>프로젝트명</td><td>ARRAY FND 제어</td></tr>
<tr><td>단 계</td><td>1차 테스트</td><td>버 전</td><td>1.0</td><td>작 성 일</td><td>2016/01/01</td></tr>
<tr><td>문서번호</td><td colspan="3">K20160101-02</td><td>작 성 자</td><td>홍 길 동</td></tr>
<tr><td colspan="7">테스드 체크리스드</td></tr>
<tr><th>구분</th><th colspan="4">세부내용</th><th>결과</th><th>비고</th></tr>
<tr><td rowspan="3">펌웨어 설계</td><td colspan="4">테스트 결과가 동작 시나리오와 일치하는가?</td><td></td><td></td></tr>
<tr><td colspan="4">코드가 명세서에 요구하는 문제를 해결하고 있는가?</td><td></td><td></td></tr>
<tr><td colspan="4">사용된 설계도가 올바르게 문제를 해결하는가?</td><td></td><td></td></tr>
<tr><td rowspan="4">펌웨어 구현</td><td colspan="4">변수 이름은 의미있게 사용하였는가?</td><td></td><td></td></tr>
<tr><td colspan="4">코드를 설명하는 주석문을 충분히 기록했는가?</td><td></td><td></td></tr>
<tr><td colspan="4">에러가 발생하는가?</td><td></td><td></td></tr>
<tr><td colspan="4">에러 메시지들은 의미가 있는가?</td><td></td><td></td></tr>
<tr><td rowspan="6">펌웨어 검증</td><td colspan="4">6개의 FND에 숫자가 입력한 차례대로 출력되는가?</td><td></td><td></td></tr>
<tr><td colspan="4"></td><td></td><td></td></tr>
<tr><td colspan="4"></td><td></td><td></td></tr>
<tr><td colspan="4"></td><td></td><td></td></tr>
<tr><td colspan="4"></td><td></td><td></td></tr>
<tr><td colspan="4"></td><td></td><td></td></tr>
<tr><td>의견</td><td colspan="6"></td></tr>
</table>

실습 3-2 FND 카운트 제어 펌웨어 개발

학습목표

- ▶ 숫자 증가 카운트를 FND에 출력할 수 있다.
- ▶ FND 컨트롤 펌웨어 개발을 위하여 기능 명세서를 작성하고, 이를 바탕으로 펌웨어를 개발할 수 있다.

2.1 펌웨어 설계하기

2.1.1 하드웨어 컴포넌트 파악

'실습 3-1 ARRAY FND 제어 펌웨어 개발'과 동일하므로 이를 참고한다.

2.1.2 펌웨어 기능 명세서 작성

(1) 동작 시나리오

FND 제어 포트 초기화를 위해 FND가 연결된 핀을 출력으로 설정한다.

카운트를 위한 변수와 FND 자리수를 위한 변수를 선언한다. 카운트 변수가 0~999999까지 증가하면서 각각의 FND 자리수에 맞추어 숫자를 구하고, 이를 6개의 FND에 출력되도록 한다.

(2) 기능 명세서

앞의 동작 시나리오로부터 다음의 기능 명세서를 작성한다.

<table>
<tr><td rowspan="3">K사</td><td colspan="4">펌웨어 개발 설계서</td><td>프로젝트명</td><td>FND 카운트 제어</td></tr>
<tr><td>문서 종류</td><td>기능 명세서</td><td>버 전</td><td>1.0</td><td>작 성 일</td><td>2016/01/01</td></tr>
<tr><td>문서 번호</td><td colspan="3">K20160101-03</td><td>작 성 자</td><td>홍 길 동</td></tr>
</table>

구 분	기능명	기능 설명	비고
의견			

2.1.3 펌웨어 설계

앞에서 작성한 기능 명세서를 참고하여 펌웨어 설계도를 작성한다.

2.2 펌웨어 구현하기

2.2.1 개발환경 구축

'실습 3-1 ARRAY FND 제어 펌웨어 개발'과 동일하므로 이를 참고한다.

2.2.2 라이브러리 구현

'실습 3-1 ARRAY FND 제어 펌웨어 개발'과 동일하므로 이를 참고한다.

2.2.3 펌웨어 구현

6개의 FND에 자릿수를 맞추어 0~999999까지 증가 카운터를 동작시킨다.

```
const int FND_NUM_DATA[10] = {
                                        B00111111, // 0
                                        B00000110, // 1
                                        B01011011, // 2
                                        … (생  략) …
                                        B00100111, // 7
                                        B01111111, // 8
                                        B01101111  // 9
                                    };

const int NUM_DIGIT = 6;                                    --------- ①
long printFndValue = 0;                                     --------- ②

//                          A  B  C  D  E  F  G  dp
const int FND_PIN[]  = {37, 36, 35, 34, 33, 32, 31, 30};            // FND의 각 핀
//                                      1  2  3  4  5  6
const int FND_DIGIT[NUM_DIGIT] = {22, 23, 24, 25, 26, 27};         // 자릿수 선택을 위한 핀
void setup()
{
        for(int i = 0; i < 8; i++)                          --------- ③
        {
                pinMode( FND_PIN[i], OUTPUT );
        }
        for(int i = 0; i < NUM_DIGIT; i++)                  --------- ④
        {
                pinMode( FND_DIGIT[i], OUTPUT );
        }
        for(int i = 0; i < NUM_DIGIT; i++)                  --------- ⑤
        {
```

```
                    digitalWrite( FND_DIGIT[i], LOW );
        }
}
void loop()
{
    "제어 동작"
}
```

(1) 각 코드에 주석을 작성한다.

⇒ ①: ____________________

②: ____________________

③: ____________________

④: ____________________

⑤: ____________________

(2) 0~999999까지 1씩 증가하는 카운터가 되도록 '제어 동작'을 작성한다. 단, 999999가 되면 0으로 초기화해야 한다.

⇒ 제어 동작 :

2.3 펌웨어 검증하기

2.3.1 펌웨어 연동 및 테스트 기능

(1) 펌웨어 연동

'실습 3-1 ARRAY FND 제어 펌웨어 개발'과 동일하므로 이를 참고한다.

(2) 기능 테스트

0~999999까지 숫자가 카운트 되는 것을 확인할 수 있다.

[그림 3-12] 실습 결과

2.3.2 체크리스트 작성

앞의 테스트 결과를 바탕으로 다음의 결과보고서를 작성한다.

<table>
<tr><td rowspan="3">K사</td><td colspan="4">테스트 결과보고서</td><td>프로젝트명</td><td>FND 카운트 제어</td></tr>
<tr><td>단 계</td><td>1차 테스트</td><td>버 전</td><td>1.0</td><td>작 성 일</td><td>2016/01/01</td></tr>
<tr><td>문서번호</td><td colspan="3">K20160101-04</td><td>작 성 자</td><td>홍 길 동</td></tr>
</table>

<table>
<tr><td colspan="4">테스트 체크리스트</td></tr>
<tr><th>구분</th><th>세부내용</th><th>결과</th><th>비고</th></tr>
<tr><td rowspan="3">펌웨어
설계</td><td>테스트 결과가 동작 시나리오와 일치하는가?</td><td></td><td></td></tr>
<tr><td>코드가 명세서에 요구하는 문제를 해결하고 있는가?</td><td></td><td></td></tr>
<tr><td>사용된 설계도가 올바르게 문제를 해결하는가?</td><td></td><td></td></tr>
<tr><td rowspan="4">펌웨어
구현</td><td>변수 이름은 의미있게 사용하였는가?</td><td></td><td></td></tr>
<tr><td>코드를 설명하는 주석문을 충분히 기록했는가?</td><td></td><td></td></tr>
<tr><td>에러가 발생하는가?</td><td></td><td></td></tr>
<tr><td>에러 메시지들은 의미가 있는가?</td><td></td><td></td></tr>
<tr><td rowspan="7">펌웨어
검증</td><td></td><td></td><td></td></tr>
<tr><td></td><td></td><td></td></tr>
<tr><td></td><td></td><td></td></tr>
<tr><td></td><td></td><td></td></tr>
<tr><td></td><td></td><td></td></tr>
<tr><td></td><td></td><td></td></tr>
<tr><td></td><td></td><td></td></tr>
<tr><td>의견</td><td colspan="3"></td></tr>
</table>

PART

04

〈NCS 학습모듈 기반〉 아두이노(Arduino)를 이용한 펌웨어 개발 실무

COMMUNICATION 제어 펌웨어 개발

학습목표

▶ 시리얼 통신을 이용하여 데이터를 입/출력을 할 수 있다.

▶ COMMUNICATION 컨트롤 펌웨어 개발을 위하여 기능 명세서를 작성하고, 이를 바탕으로 펌웨어를 개발할 수 있다.

PART 04 COMMUNICATION 제어 펌웨어 개발

이번 장에서는 COMMUNICATION의 구조와 동작 방법을 이해하고, 아두이노를 이용하여 COMMUNICATION를 컨트롤한다. 또한 기능 명세서를 바탕으로 펌웨어 개발 환경을 구축하고, COMMUNICATION 컨트롤에 적용할 펌웨어의 설계, 구현, 검증을 수행한다.

실습 4-1 시리얼 통신을 이용한 데이터 출력 펌웨어 개발

학습목표

- ▶ 시리얼 통신을 이용하여 데이터를 출력할 수 있다.
- ▶ COMMUNICATION 컨트롤 펌웨어 개발을 위하여 기능 명세서를 작성하고, 이를 바탕으로 펌웨어를 개발할 수 있다.

1.1 펌웨어 설계하기

1.1.1 하드웨어 컴포넌트 파악

■ Baud Rate(보오레이트)와 BPS(비트/초)

보오(Baud)라고 말하는 단위는 19세기 후반에 프랑스 전신 공사의 Jean Maurice Baudot의 이름에서 유래한다. 보오(Baud)라고 말한 단위는 원래 변조율이나 1초간 통신선의 신호 변경 회수를 가리키는 단어로서 사용되고 있다. 2개의 시리얼 디바이스를 접속한 경우에는 보오(Baud)와 BPS는 사실상 똑같다. 만약 통신 속도를 19,200BPS로 통신하고 있다면 1초간에 19, 20 과한 신호가 변화한다고 말할 수 있다.

시리얼 통신에서는 1 바이트를 8개의 비트로 분리해서 한 번에 1비트씩 통신선로로

전송한다. 수신측에서는 통신선로를 통해 수신한 비트들을 조립해서 1 바이트를 만들어내야 하는데 이때 1 바이트의 범위를 식별하기 위하여 사용하는 것이 start bit 와 stop bit이다. 일단 start bit를 송신하면 송신 측(계측 장치)에서는 계속해서 데이터 비트를 송신한다. 데이터 비트는 일반적으로 7 또는 8bit를 주로 사용한다. 수신 측(PC측) 과 송신 측(계측 장치)은 이러한 데이터 비트 수와 보오레이트의 값을 일치하게 설정할 필요가 있다. 7 데이터 비트라고 설정되어 있는 경우에는 127보다 큰 ASCII 값을 보낼 수 없다. Hex 값을 보내기 위해서 8bit 통신을 사용한다. 데이터를 송출하면 마지막으로 스톱 비트를 보낸다. 스톱 비트의 값은 1의 값 또는 기호이다. 기호라면 이전 데이터 비트의 값이 1이라도 확실하게 스톱 비트로서 잡는 것이 가능하다. 스톱 비트의 데이터 길이는1, 1.5, 2비트 중 선택 사용이 가능하다.

■ 패리티 비트(Parity Bit)

start bit 와 stop bit에 의하여 데이터의 단락을 나타내지만, 패리티 비트라고 불리는 것을 이용하여 데이터의 구조를 확인하는 경우가 있다. 데이터의 송신 중에 데이터에 어떠한 누락이 생기고 있지 않을까 해서 그것을 체크하는 것이 패리티 비트이다. 패리티에는 짝수 패리티(Even parity), 홀수 패리티(Odd parity), 마크 패리티(Mark parity), 스페이스 패리티(Space parity), 혹은 패리티 없음(None at all)을 선택할 수 있다. 짝수 또는 홀수 패리티를 이용하면 각 데이터 바이트 중의 1의 개수를 헤아리고 보내진 그 수가 짝수 또는 홀수가 되도록 패리티 비트를 송신한다.

Baud Rate	실드 케이블	비 실드 케이블
110	1500m	300m
300	1200m	300m
1200	900m	150m
2400	600m	150m
4800	150m	75m
9600	75m	30m

[표 4-1] 패리티 비트

[참고자료] 오리엔탈모터(http://inaom.tistory.com/10)

1.1.2 펌웨어 기능 명세서 작성

(1)동작 시나리오

시리얼 통신을 위해 통신 속도를 초기화한다.

시리얼 통신으로 시리얼 모니터에 'WELCOME'을 출력한다.

(2) 기능 명세서

위의 동작 시나리오로부터 기능 명세서를 작성하면 다음과 같다.

<table>
<tr><td rowspan="3">K사</td><td colspan="4">펌웨어 개발 설계서</td><td>프로젝트명</td><td>시리얼 통신으로
데이터 출력</td></tr>
<tr><td>문서 종류</td><td>기능 명세서</td><td>버 전</td><td>1.0</td><td>작 성 일</td><td>2016/01/01</td></tr>
<tr><td>문서 번호</td><td colspan="3">K20160101-01</td><td>작 성 자</td><td>홍 길 동</td></tr>
</table>

구 분	기능명	기능설명	비고
COMMUNICATION 제어	통신 속도 설정	시리얼 통신의 통신 속도를 설정한다.	
	문자 출력	시리얼 모니터에 문자를 출력한다.	
의견			

1.1.3 펌웨어 설계

앞에서 작성한 동작 시나리오와 기능 명세서를 참고하여 펌웨어 설계도를 작성한다.

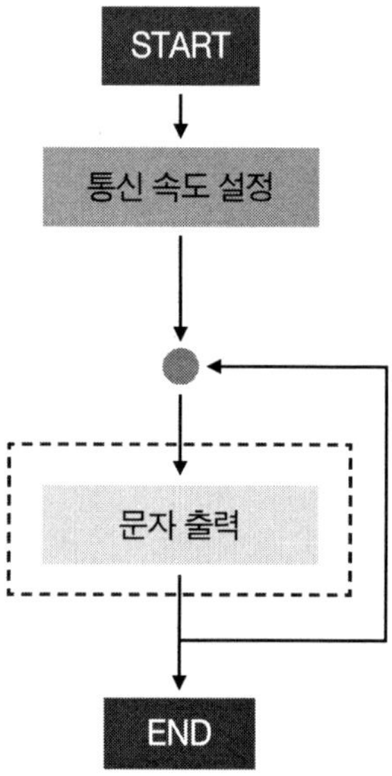

1.2 펌웨어 구현하기

1.2.1 개발환경 구축

(1) 실습 준비물

다음은 펌웨어 개발에 관련하여 필요한 준비물이다.

- ▶ 아두이노 스케치
- ▶ USB Cable
- ▶ 하드웨어(MCU)
- ▶ Connect Cable

(2) 결선 방법

아두이노 내부 통신을 이용하기 때문에 별도의 결선이 없다.

1.2.2 라이브러리 구현

■ Serial.begin(long speed)

→ 기능 : Serial 통신의 속도를 설정한다.

→ 인자 : speed – 통신 속도

■ Serial.println()

→ 기능 : Serial 통신으로 문자를 출력한다.

1.2.3 펌웨어 구현

'setup()' 함수에서는 시리얼 통신을 사용하기 위해 'begin()' 함수를 호출하여 통신 속도를 9600으로 설정한다.

```
void setup()
{
        Serial.begin(9600);
}
```

'loop()' 함수에서는 'println()' 함수를 사용하여 시리얼 통신으로 시리얼 모니터에 출력할 문자를 입력하고 출력 속도를 제어하기 위해 1초 정도의 시간 지연을 시킨다.

```
void loop()
{
        Serial.println("WELCOME");
        delay(1000);
}
```

1.3 펌웨어 검증하기

1.3.1 펌웨어 연동 및 테스트 기능

(1) 펌웨어 연동

① 아두이노 프로그램에서 확인( ) 아이콘을 클릭하여 컴파일이 수행되는 것이 하단의 Build 창에 보이는 것을 확인할 수 있다.

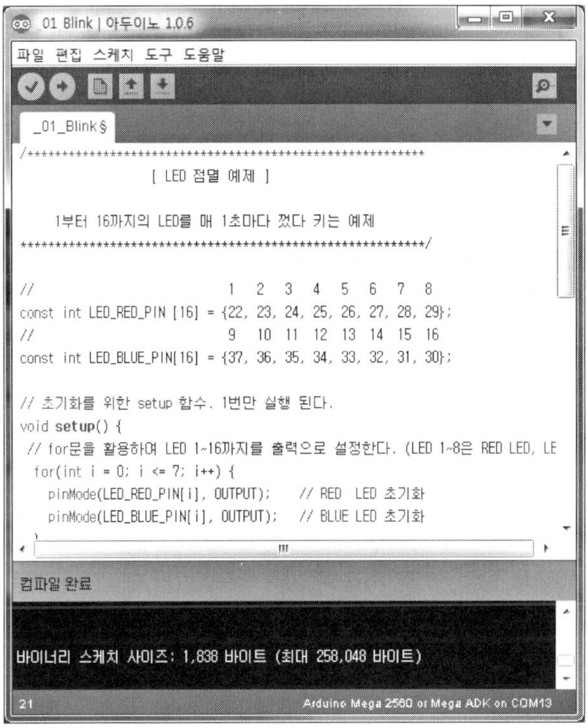

[그림 4-1] 컴파일

② 장비와 같이 제공되는 USB Cable을 이용하여 아두이노에 다운로드한다. 아래와 같이 장비와 USB Cable을 연결한다.

[그림 4-2] PC와 장비 연결

③ '도구 → 시리얼 포트'를 선택하여 컴퓨터와 연결된 COM 포트를 선택한다.

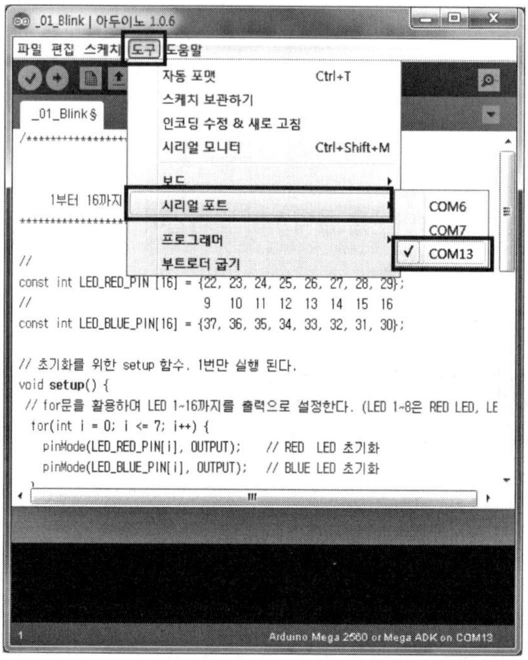

[그림 4-3] 컴포트 선택

④ 아두이노 프로그램에서 업로드(⊙) 아이콘을 클릭하여 아두이노에 업로드한다.

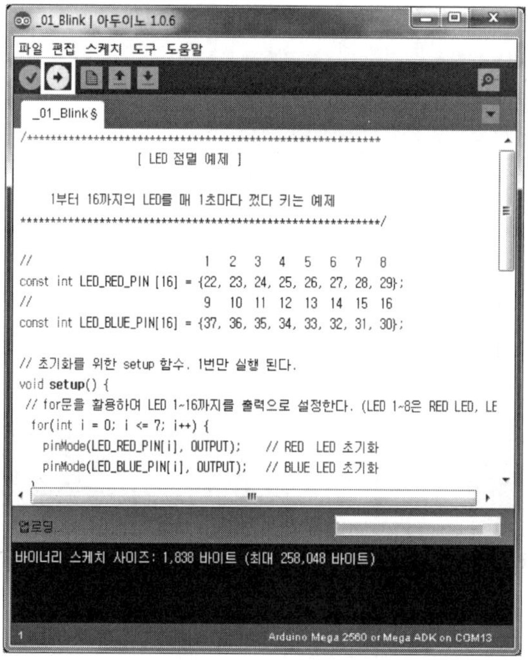

[그림 4-4] 업로드

⑤ 업로드 및 컴파일이 완료되면 시리얼 모니터 버튼을 선택한다.

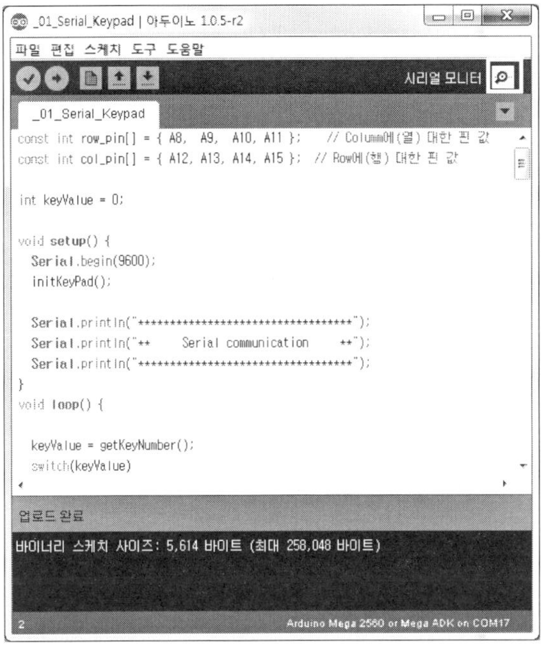

[그림 4-5] 시리얼 모니터 버튼 선택

(2) 기능 테스트

시리얼 모니터에 'WELCOME'이 출력되는 것을 확인할 수 있다.

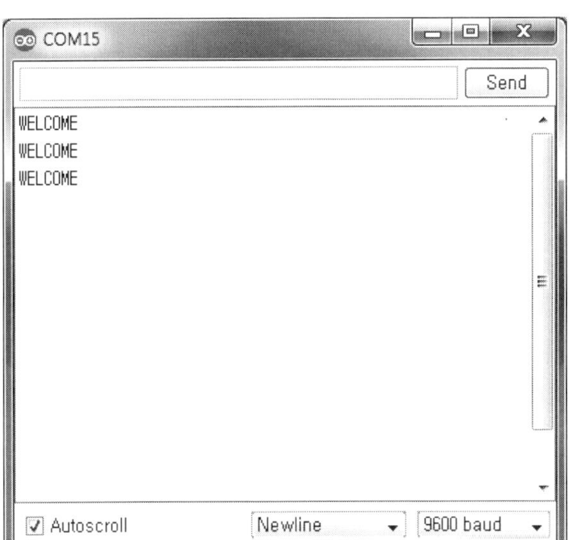

[그림 4-6] 실습 결과

1.3.2 체크리스트 작성

앞의 테스트 결과를 바탕으로 다음의 결과 보고서를 작성한다.

<table>
<tr><td rowspan="3">K사</td><td colspan="4">테스트 결과보고서</td><td>프로젝트명</td><td>시리얼 통신으로
데이터 출력</td></tr>
<tr><td>단 계</td><td>1차 테스트</td><td>버 전</td><td>1.0</td><td>작 성 일</td><td>2016/01/01</td></tr>
<tr><td>문서 번호</td><td colspan="3">K20160101-02</td><td>작 성 자</td><td>홍 길 동</td></tr>
<tr><td colspan="7">테스트 체크리스트</td></tr>
<tr><th>구분</th><th colspan="4">세부 내용</th><th>결과</th><th>비고</th></tr>
<tr><td rowspan="3">펌웨어
설계</td><td colspan="4">테스트 결과가 동작 시나리오와 일치하는가?</td><td></td><td></td></tr>
<tr><td colspan="4">코드가 명세서에 요구하는 문제를 해결하고 있는가?</td><td></td><td></td></tr>
<tr><td colspan="4">사용된 설계도가 올바르게 문제를 해결하는가?</td><td></td><td></td></tr>
<tr><td rowspan="4">펌웨어
구현</td><td colspan="4">변수 이름은 의미있게 사용하였는가?</td><td></td><td></td></tr>
<tr><td colspan="4">코드를 설명하는 주석문을 충분히 기록했는가?</td><td></td><td></td></tr>
<tr><td colspan="4">에러가 발생하는가?</td><td></td><td></td></tr>
<tr><td colspan="4">에러 메시지들은 의미가 있는가?</td><td></td><td></td></tr>
<tr><td rowspan="6">펌웨어
검증</td><td colspan="4">시리얼 통신의 통신 속도를 설정하였는가?</td><td></td><td></td></tr>
<tr><td colspan="4">시리얼 모니터에 문자를 출력하는가?</td><td></td><td></td></tr>
<tr><td colspan="4"></td><td></td><td></td></tr>
<tr><td colspan="4"></td><td></td><td></td></tr>
<tr><td colspan="4"></td><td></td><td></td></tr>
<tr><td colspan="4"></td><td></td><td></td></tr>
<tr><td>의견</td><td colspan="6"></td></tr>
</table>

실습 4-2 시리얼 통신을 이용한 데이터 입력 펌웨어 개발

학습목표

- ▶ 시리얼 통신을 이용하여 데이터를 입력할 수 있다.
- ▶ COMMUNICATION 컨트롤 펌웨어 개발을 위하여 기능 명세서를 작성하고, 이를 바탕으로 펌웨어를 개발할 수 있다.

2.1 펌웨어 설계하기

2.1.1 하드웨어 컴포넌트 파악

'실습 4-1 시리얼 통신을 이용한 데이터 출력 펌웨어 개발'과 동일하므로 이를 참고한다.

2.1.2 펌웨어 기능 명세서 작성

(1) 동작 시나리오

시리얼 통신을 위해 통신 속도를 초기화한다.

시리얼 통신으로 받은 데이터가 있을 경우 읽어온 데이터를 출력한다.

(2) 기능 명세서

앞의 동작 시나리오로부터 다음의 기능 명세서를 작성한다.

<table>
<tr><td rowspan="3">K사</td><td colspan="4">펌웨어 개발 설계서</td><td>프로젝트명</td><td>시리얼 통신으로
데이터 입력</td></tr>
<tr><td>문서 종류</td><td>기능 명세서</td><td>버 전</td><td>1.0</td><td>작 성 일</td><td>2016/01/01</td></tr>
<tr><td>문서 번호</td><td colspan="3">K20160101-01</td><td>작 성 자</td><td>홍 길 동</td></tr>
<tr><td>구 분</td><td>기능명</td><td colspan="4">기능 설명</td><td>비고</td></tr>
<tr><td></td><td></td><td colspan="4"></td><td></td></tr>
<tr><td></td><td></td><td colspan="4"></td><td></td></tr>
<tr><td></td><td></td><td colspan="4"></td><td></td></tr>
<tr><td></td><td></td><td colspan="4"></td><td></td></tr>
<tr><td></td><td></td><td colspan="4"></td><td></td></tr>
<tr><td></td><td></td><td colspan="4"></td><td></td></tr>
<tr><td></td><td></td><td colspan="4"></td><td></td></tr>
<tr><td></td><td></td><td colspan="4"></td><td></td></tr>
<tr><td></td><td></td><td colspan="4"></td><td></td></tr>
<tr><td></td><td></td><td colspan="4"></td><td></td></tr>
<tr><td></td><td></td><td colspan="4"></td><td></td></tr>
<tr><td></td><td></td><td colspan="4"></td><td></td></tr>
<tr><td>의견</td><td colspan="6"></td></tr>
</table>

2.1.3 펌웨어 설계

앞에서 작성한 동작 시나리오와 기능 명세서를 참고하여 펌웨어 설계도를 작성한다.

2.2 펌웨어 구현하기

2.2.1 개발환경 구축

'실습 4-1 시리얼 통신을 이용한 데이터 출력 펌웨어 개발'과 동일하므로 이를 참고한다.

2.2.2 라이브러리 구현

■ Serial.available()

→ 기능 : 받은 데이터가 있을 경우 true가 반환된다.

■ Serial.read()

→ 기능 : 버퍼로부터 데이터를 읽어온다.

2.2.3 펌웨어 구현

시리얼 통신으로 데이터 입력이 있을 경우 데이터를 읽어와 시리얼 모니터에 출력한다.

```
char aByte;                                          --------- ①
void setup()
{
        Serial.begin(9600);
}
void loop()
{
        if(Serial.available() == true)               --------- ②
        {
        "제어 동작"
        }
}
```

(1) 커서를 위치시키고 문자를 출력하는 코드이다. 각 코드에 주석을 작성한다.

⇒ ①:

②:

(2) 위의 코드에서 입력이 있을 경우 데이터를 읽어와 변수에 저장하고 이를 시리얼 모니터에 출력하도록 '제어 동작'을 작성한다.

⇒ 제어 동작 :

2.3 펌웨어 검증하기

2.3.1 펌웨어 연동 및 테스트 기능

(1) 펌웨어 연동

'실습 4-1 시리얼 통신을 이용한 데이터 출력 펌웨어 개발'과 동일하므로 이를 참고한다.

(2) 기능 테스트

시리얼 모니터에 데이터를 입력하고 'Send' 버튼을 선택하면 입력한 값이 출력되는 것을 확인할 수 있다.

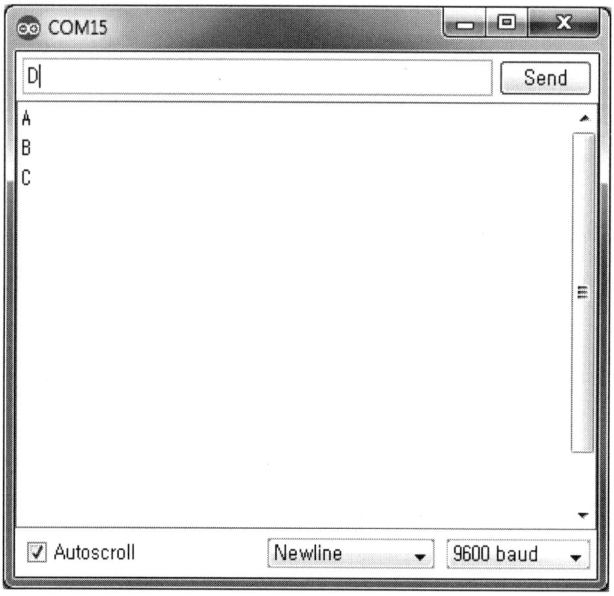

[그림 4-7] 실습 결과

2.3.2 체크리스트 작성

앞의 테스트 결과를 바탕으로 다음의 결과보고서를 작성한다.

<table>
<tr><td rowspan="3">K사</td><td colspan="4">테스트 결과보고서</td><td>프로젝트명</td><td>시리얼 통신으로
데이터 입력</td></tr>
<tr><td>단 계</td><td>1차 테스트</td><td>버 전</td><td>1.0</td><td>작 성 일</td><td>2016/01/01</td></tr>
<tr><td>문서 번호</td><td colspan="3">K20160101-04</td><td>작 성 자</td><td>홍 길 동</td></tr>
</table>

<table>
<tr><td colspan="4">테스트 체크리스트</td></tr>
<tr><th>구분</th><th>세부 내용</th><th>결과</th><th>비고</th></tr>
<tr><td rowspan="3">펌웨어
설계</td><td>테스트 결과가 동작 시나리오와 일치하는가?</td><td></td><td></td></tr>
<tr><td>코드가 명세서에 요구하는 문제를 해결하고 있는가?</td><td></td><td></td></tr>
<tr><td>사용된 설계도가 올바르게 문제를 해결하는가?</td><td></td><td></td></tr>
<tr><td rowspan="4">펌웨어
구현</td><td>변수 이름은 의미있게 사용하였는가?</td><td></td><td></td></tr>
<tr><td>코드를 설명하는 주석문을 충분히 기록했는가?</td><td></td><td></td></tr>
<tr><td>에러가 발생하는가?</td><td></td><td></td></tr>
<tr><td>에러 메시지들은 의미가 있는가?</td><td></td><td></td></tr>
<tr><td rowspan="6">펌웨어
검증</td><td></td><td></td><td></td></tr>
<tr><td></td><td></td><td></td></tr>
<tr><td></td><td></td><td></td></tr>
<tr><td></td><td></td><td></td></tr>
<tr><td></td><td></td><td></td></tr>
<tr><td></td><td></td><td></td></tr>
<tr><td>의견</td><td colspan="3"></td></tr>
</table>

PART

05

〈NCS 학습모듈 기반〉 아두이노(Arduino)를 이용한 펌웨어 개발 실무

TEXT LCD 제어 펌웨어 개발

학습목표

▶ TEXT LCD에 문자를 출력할 수 있다.

▶ TEXT LCD에 출력된 문자를 오른쪽으로 이동시킬 수 있다.

▶ TEXT LCD 제어 펌웨어 개발을 위하여 기능 명세서를 작성하고, 이를 바탕으로 펌웨어를 개발할 수 있다.

PART 05

TEXT LCD 제어 펌웨어 개발

이번 장에서는 TEXT LCD의 구조와 동작 방법을 이해하고, 아두이노를 이용하여 TEXT LCD를 컨트롤한다. 또한 기능 명세서를 바탕으로 펌웨어 개발환경을 구축하고, TEXT LCD 컨트롤에 적용할 펌웨어의 설계, 구현, 검증을 수행한다.

실습 5-1 TEXT LCD에 문자를 출력하는 펌웨어 개발

학습목표

- ▶ TEXT LCD에 문자를 출력할 수 있다.
- ▶ TEXT LCD 컨트롤 펌웨어 개발을 위하여 기능 명세서를 작성하고, 이를 바탕으로 펌웨어를 개발할 수 있다.

1.1 펌웨어 설계하기

1.1.1 하드웨어 컴포넌트 파악

(1) CLCD의 외관

[그림 5-1] CLCD

CLCD는 Character LCD 또는 TEXT LCD라 불리우며, CLCD의 모습은 위 [그림 1] 처럼 생겼다.

CLCD는 문자를 나타내기 위해서 가운데 네모난 패널을 가지고 있는데, 패널 안에는 미세하게 픽셀 또는 도트가 보이고 하나의 픽셀이 5×8 또는 5×10 정도로 모여서 하나의 문자를 표현한다. 그리고 이 블록이 모여서 또 문자열을 만든다. 나타내고자 하는 패턴이 없는 경우에는 새로운 패턴을 정의해서 사용할 수는 있지만 많이 쓰이는 방법은 아니다.

보통 CLCD는 표현할 수 있는 문자의 수로 나뉘게 되는데 위 [그림 5-1]에 있는 CLCD는 가로 16, 세로 2줄이므로 16×2 CLCD라 부른다.

CLCD에 전원을 인가하면 후면에 있는 광원이 점등되는데, 이 색상이 파란색, 노란색, 백색 등 다양한 종류가 있다. 아쉽게도 한글을 지원하지는 않는다.

(2) CLCD의 내부구조

앞서 이야기한 대로 일반적인 CLCD 모듈의 내부 구성은 'LCD 패널'과 'LCD 제어부'로 구성되어 있다. LCD에는 CG ROM에 문자 패턴(혹은 포트)이 내장되어 있어서 외부 인터페이스로부터 오는 신호에 따라서 적절한 문자를 LCD 패널에 표현하게 된다.

LCD의 한 픽셀에는 COM와 SEG 두 개가 연결이 되어 있는데, COM은 패널의 가로줄에 SEG는 패널의 세로줄과 연결되어 있어서 두 신호의 조합으로 하나의 픽셀을 점등이 되는 원리이다.

■ 제어기(Controller)

외부 인터페이스로부터 오는 신호를 해독하고 그에 맞는 적절한 작업을 수행한 후에 LCD 패널에 문자를 표현한다. 여기서 말하는 적절한 작업은 "'A'를 출력하시오." 또는 "현재 커서의 위치를 좌측 상단으로 옮기시오."와 같이 문자 표시와 명령어 등의 작업을 말한다.

문자를 나타내기 위해서는 컨트롤러에서 데이터 버스를 통하여 데이터를 전송하기만 하면 원하는 표시를 얻을 수 있다.

즉, 사용자는 CLCD에 어떠한 데이터를 전송하여 문자를 표현하는 것이 아닌 LCD가 가지고 있는 컨트롤러를 제어함으로써 문자를 표현한다는 것이다.

■ 전원 공급기

CLCD에 필요한 높은 전압을 발생시키는 승압 회로 및 분배 전압을 통해 여러 전압을 발생시키는 회로로 구성되어 있다.

■ DD RAM (Display Data RAM)

DD RAM은 LCD 패널 화면과 일대일로 동일하게 대응되는 RAM이라고 보면 된다. DD RAM에 저장된 문자는 화면에 바로 출력이 되는 것이다. DD RAM은 8비트의 문자 코드 데이터를 저장할 수 있는 최대 80×8 비트의 용량을 가지고 있다.

■ CG RAM (Character Generator RAM)

CG RAM은 사용자가 문자 패턴을 새로이 만들 경우 사용되는 RAM이다. 하나의 컨트롤러에 5×7 문자는 8종류, 5×10 문자는 4종류의 문자 패턴을 만들어 기억시킬 수 있다.

CG RAM 주소와 CG RAM 데이터로 작성한 이후에 이를 CLCD에 표시하고자 할 때에는 일반 문자 출력과 같이 다루면 된다. 즉, DD RAM의 주소에 사용자가 만든 문자 패턴의 주소를 입력하면 되는 것이다.

■ CG ROM (Character Generator ROM)

CG ROM은 폰트 혹은 문자 패턴이 저장된 ROM이다. 16×2인 LCD의 경우에는 192종류의 5×7 또는 5×10 문자 패턴을 내장하고 있다.

(3) HD44780 컨트롤러

CLCD 컨트롤러는 여러 가지가 있으나 대부분의 많이 쓰이는 것이 히타치(HITACHI)의 HD44780이다. 이와 호환되는 디바이스도 많이 있기 때문에 여기서는 HD44780 컨트롤러를 중심으로 설명하려 한다.

다음은 HD44780의 내부 구조 모습이다.

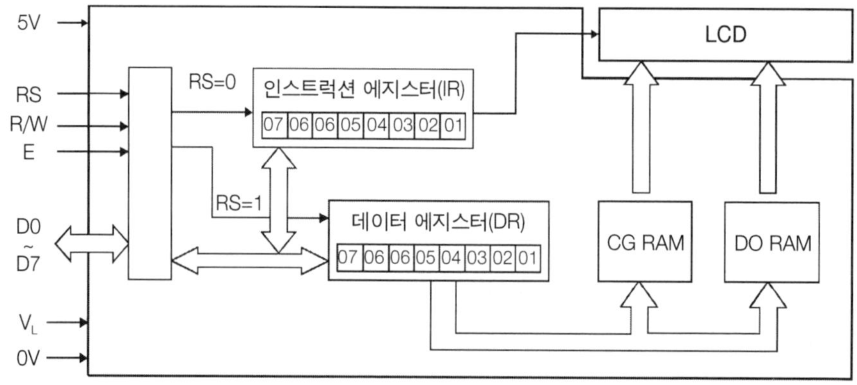

[그림 5-2] HD44780 내부 구조

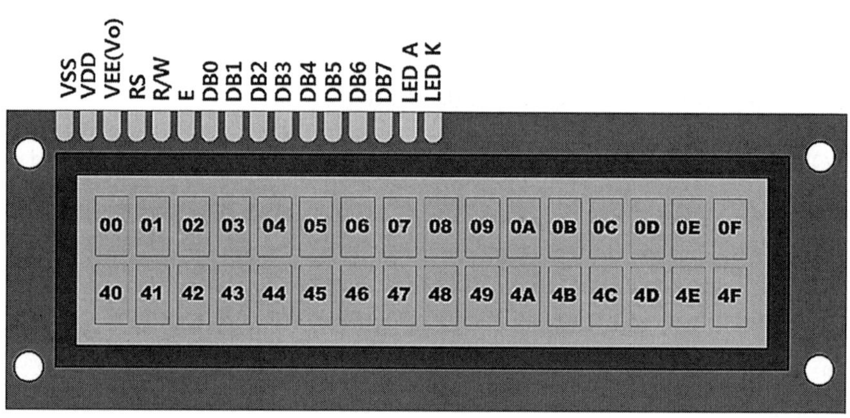

[그림 5-3] CLCD 핀

다음은 각 단자에 대한 설명입니다.

① 1번 Vss(전원 GND)

LCD 모듈에 전원을 인가하는 단자로서 GND에 입력한다.

② 2번 VDD(전원 +5V)

LCD 모듈을 구동하기 위해 전원을 인가하는 단자로서 +5V가 사용된다.

③ 3번 VEE(Vo)(화면 밝기 조정용 단자)

LCD의 밝기를 조절하는 단자로서 10㏀의 가변저항에 연결한다.

④ 4번 RS(Register Select)

입력 단자로서 LCD 모듈의 명령 또는 데이터 레지스터를 선택하는 신호이다.

⑤ 5번 R/W(읽기/쓰기 단자)

입력 단자로서 LCD 모듈에 데이터 또는 명령을 읽고, 쓰기를 할 때 사용되는 신호이다.

⑥ 6번 E(Enable)

입력 단자로서 LCD 모듈을 선택하는 신호로 이 단자의 신호가 활성화(High 입력) 되어있으면 마이크로 컨트롤러와 LCD 모듈사이에 데이터 교환이 이루어진다.

0 - LCD 모듈과 데이터 교환이 불가능합니다.

1 - LCD 모듈과 데이터 교환이 가능합니다.

⑦ 7번~14번 D0~D7(Data Bus)

마이크로 컨트롤러와 LCD 모듈사이에 데이터를 주고받기 위한 데이터 버스이다. 4비트만 이용할 경우에는 D4 ~ D7만 이용한다.

⑧ 15번 LED A(후면 광원 에노드)

후면 광원의 LED의 에노드 단자이다.

⑨ 16번 LED K (후면 광원 케소드)

후면 광원의 LED의 케소드 단자이다.

(4) HD44780 컨트롤러의 기능

① 레지스터

위에서 설명하였던 단자 중에 4번 단자인 RS 단자를 통하여 8비트의 명령인 명령 레지스터(IR)와 데이터 레지스터(DR)를 선택한다.

▶ 인스트럭션 레지스터(IR)

LCD 모듈을 제어하기 위한 명령을 보관하고 있는 레지스터이다.

LCD 화면 클리어, 커서 시프트, 문자 표시 ON/OFF 등 LCD 제어에 필요한 명령을 저장한다. 표시 데이터 RAM(DDRAM)의 위치 주소와 문자 발생기 RAM(CGRAM)의 위치를 지정하기 위한 주소 정보를 저장한다.

▶ **데이터 레지스터(DR)**

LCD 화면에 표시할 데이터 또는 새로운 글꼴에 대한 데이터를 임시로 저장하는 레지스터이다.

DR 레지스터에 데이터를 쓰면, LCD의 내부적인 동작에 의해 IR로 지정된 DDRAM 또는 CGRAM의 주소로 데이터가 전달된다. DR 레지스터의 데이터를 읽으면, IR에 의해 지정된 DDRAM 또는 CGRAM의 주소 데이터가 마이크로 컨트롤러로 저장된다.

RS	R/W	동작
0	0	IR을 선택하여 제어 명령을 쓴다. (디스플레이 클리어 등)
0	1	DB7로부터 비지 플래그를 읽는다. 주소 카운터의 내용을 DB0~DB6으로부터 읽는다.
1	0	DR을 선택하여 값을 쓴다. (DR에서 DDRAM 또는 CGRAM으로)
1	1	DR을 선택하여 값을 읽는다. (DDRAM 또는 CGRAM에서 DR로)

② 비지 플래그 (Busy Flag)

비지 플래그는 연속적으로 LCD 모듈에 제어 명령이 입력될 경우, LCD 모듈이 해당 명령을 처리할 수 있는가를 나타내는 상태 표시 플래그이다.

RS = 0, R/W = 1일 때 출력되며, 이때 BF 플래그는 데이터 버스의 DB7로 출력된다.

▶ BF = 0 : LCD 모듈로 명령을 쓸 수 있다.

▶ BF = 1 : LCD 컨트롤러(HD44780U)는 현재 IR로 입력된 명령어를 처리하고 있는 상태이므로, 제어 명령을 쓸 수 없다.

③ 주소 카운터(AC : Address Counter)

주소 카운터는 DDRAM과 CGRAM의 주소를 지정하는 데 사용한다. 이 주소는 데이터를 읽기/쓰기 위한 DDRAM과 CGRAM의 주소를 나타낸다.

주소 카운터의 값은 IR 레지스터에 기록되며, 주소 정보는 IR 레지스터에서 내부의 주소 카운터로 자동으로 전송되어 해당 주소 카운터의 값으로 셋 된다. 여기서, DDRAM 또는 CGRAM의 선택은 LCD 명령에 의해서 결정되고, DDRAM 또는 CGRAM에 데이터를 써넣으면 주소 카운터는 모드에 따라서 자동으로 1 증가 또는

1 감소된다.

④ **표시 데이터 RAM(DDRAM : Display Data RAM)**

DDRAM은 화면에 표시할 8비트의 문자를 저장하는 곳이다. 용량은 80 문자의 용량을 가지고 있으며, 화면에 표시되는 않는 영역의 RAM은 일반적인 데이터 저장용의 메모리로 사용될 수 있다.

다음은 CLCD에 해당하는 DDRAM 메모리 맵이다.(16문자×2 라인)

Display position	DDRAM Memory Map for 16×2 Dispays															
	1	2	3	4	5	6	7	8	9	10	11	12	13	14	15	16
DDRAM address	00	01	02	03	04	05	06	07	08	09	0A	0B	0C	0D	0E	0F
	41	42	43	44	42	46	47	48	49	4A	4B	4C	4D	4E	4F	50

[그림 5-4] DDRAM 메모리 맵

⑤ **문자 발생기 ROM(CGROM : Character Generator ROM)**

문자 발생기 ROM은 다음 [그림 5-5]처럼 8비트 문자 패턴을 저장하고 있는 메모리로써 208개의 5×8 도트와 32개의 5×10 도트의 문자 패턴을 저장하고 있다.

문자 코드 0×20(공백 문자)에서 0×7F까지는 ASCII(아스키 코드)와 일치한다. 따라시 이 CGROM에 있는 문자를 화면에 표시하려면 C언어에서 문사로 표현된 데이터를 LCD에 직접 출력하면 된다.

[그림 5-5] 내장된 CGROM 문자표 패턴

⑥ 문자 발생기 RAM(CGRAM : Character Generator RAM)

문자 발생기 RAM은 사용자가 프로그램에 의해서 원하는 문자 패턴을 만들고자 할 때 사용하는 RAM영역이다.

CGRAM의 주소는 [그림 5-6]처럼 6비트를 사용하고 있으며, 5×8 도트인 경우에는 한 문자당 8바이트를 사용하므로 전체 문자의 개수는 8개로 제한된다. 이렇게 CGRAM에 새롭게 설계되어서 저장된 문자는 문자 코드의 비트 4~7이 0일 때 선택된다.(3번 비트는 무효)

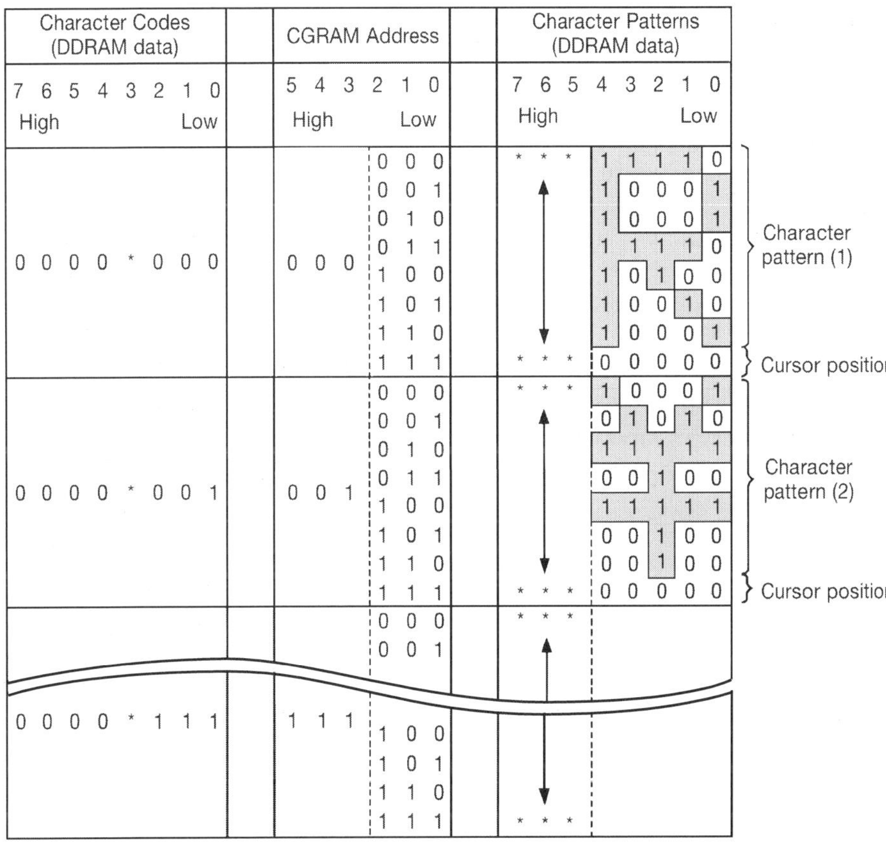

[그림 5-6] DOT 문자 패턴

(5) HD44780 명령어 요약

CLCD의 전체 명령어는 다음과 같다.

명령어	데이터								실행 시간	기능
	D7	D6	D5	D4	D3	D2	D1	D0		
Clear display	0	0	0	0	0	0	0	1	1.64ms	Clear Display 후, 커서 홈 위치
Cursor home	0	0	0	0	0	0	1	*	1.64ms	커서를 홈 위치로
Entry mode set	0	0	0	0	0	1	I/D	S	40us	데이터 읽기/쓰기시 커서 진행방향 I/D(1:증가, 0:감소) S(1:표시 시프트)
Display On/Off control	0	0	0	0	1	D	C	B	40us	D (1:화면 표시) C(1:커서 표시) B(1:커서 깜빡임)
Cursor/display shift	0	0	0	1	S/C	R/L	*	*	40us	S/C (1:화면, 0:커서) R/L(1:오른쪽, 0:왼쪽)
Function set	0	0	1	DL	N	F	*	*	40us	D/L (1:8비트 0:4비트 인터페이스) N(1:2라인, 0:1라인) F(1:5X10dots,0:5X7dots)
Set CGRAM address	0	1	CGRAM Address						40us	CGRAM Address Set, 이후 전송. 데이터는 CGRAM 데이터로 인식
Set DDRAM address	1	L	DDRAM Address						40us	DDRAM Address Set, 이후 전송 데이터는 DDRAM 데이터로 인식 L(0:1라인, 1:2라인)
Read busy flag & address counter	BF	Address							0us	Busy Flag 체크 및 어드레스 읽기 CG/DDRAM 모두 사용 가능 BF(0 : 처리 끝남, 1 : 처리 중)
Write CG/DD RAM	Data								40us	CG/DD RAM에 데이터를 써넣는다.
Read CG/DD RAM	Data								40us	CG/DD RAM의 데이터를 읽는다.

[표 5-1] LCD 제어 명령어 및 설명

■ 화면 소거 명령 (Clear Display)

전체 화면을 지우고, DDRAM 주소를 0으로 설정한 후, 커서를 홈 위치로 옮기며 DDRAM의 주소 카운터를 0으로 한다.

RS	R/W	DB7	DB6	DB5	DB4	DB3	DB2	DB1	DB0
0	0	0	0	0	0	0	0	0	1

```
#define CMD_CLEAR_DISPLAY 0x01
clcd_command(CMD_CLEAR_DISPLAY);
```

■ 리턴 홈(Return Home)

커서를 홈 위치로 옮긴다. DDRAM의 주소 카운터를 0으로 하고, 디스플레이 시프트된 것을 본래의 위치로 돌린다.

RS	R/W	DB7	DB6	DB5	DB4	DB3	DB2	DB1	DB0
0	0	0	0	0	0	0	0	1	×

```
#define CMD_RETURN_HOME 0x02
clcd_command(CMD_RETURN_HOME);
```

■ 엔트리 모드 셋(Entry Mode Set)

커서의 진행 방향 및 화면의 이동(Shift) 여부를 결정한다. S가 0이면 시프트되지 않는다.

I/D가 1인 경우,

S =1 이면, 좌로 화면 이동

S =0 이면, 우로 화면 이동

RS	R/W	DB7	DB6	DB5	DB4	DB3	DB2	DB1	DB0
0	0	0	0	0	0	0	1	I/D	S

```
#define CMD_ENTRY_MODE_SET 0x06
clcd_command(CMD_ENTRY_MODE_SET);
```

■ 디스플레이 표시(Display On/Off)

화면의 On/Off, 커서의 On/Off, 커서 위치의 문자의 점멸 여부를 결정한다. D=1인 경우에는 화면에는 보이지 않으나, 글자는 DDRAM에 존재하여 D=0으로 바꾸면 데이터가 표현된다.

D - Display

C - Cursor

B - Blink

RS	R/W	DB7	DB6	DB5	DB4	DB3	DB2	DB1	DB0
0	0	0	0	0	0	1	D	C	B

```
#define CMD_DISPLAY_ON 0x0C
#define CMD_DISPLAY_OFF 0x08
clcd_command (CMD_DISPLAY_ON);
clcd_command (CMD_DISPLAY_OFF);
```

D	C	B	기능		
0	0	0	화면 OFF	커서 OFF	커서 점멸 OFF
0	0	1	화면 OFF	커서 OFF	커서 점멸 ON
0	1	0	화면 OFF	커서 ON	커서 점멸 OFF
0	1	1	화면 OFF	커서 ON	커서 점멸 ON
1	0	0	화면 ON	커서 OFF	커서 점멸 OFF
1	0	1	화면 ON	커서 OFF	커서 점멸 ON
1	1	0	화면 ON	커서 ON	커서 점멸 OFF
1	1	10	화면 ON	커서 ON	커서 점멸 ON

■ 커서의 이동 및 화면의 시프트(Cursor or Display Shift)

DDRAM의 내용을 변경하지 않고, 화면 혹은 커서를 오른쪽 혹은 왼쪽으로 이동시킨다.

S - Screen

C - Cursor

R - Right

L - Left

RS	R/W	DB7	DB6	DB5	DB4	DB3	DB2	DB1	DB0
0	0	0	0	0	1	S/C	R/L	×	×

S/C	R/L	기능	
0	0	커서 선택	커서 좌측 이동
0	1	커서 선택	커서 우측 이동
1	0	화면 선택	화면 좌측 이동
1	1	화면 선택	화면 우측 이동

■ 펑션 셋(Function Set)

데이터 버스 인터페이스의 4bit/8bit의 여부, 화면 표시 행수의 1행/2행 여부, 문자 폰트의 5×8/5×11 여부를 결정한다.

N=1인 경우 F값에 상관없이 항상 5×7 폰트로 표현되는데, 데이터 버스가 4비트인 경우 1바이트를 전송하기 위해서 두 번의 데이터 전송이 필요하다. 데이터 버스를 4비트로 설정할 경우 모든 명령어보다 이 명령어가 먼저 수행되어야 한다.

RS	R/W	DB7	DB6	DB5	DB4	DB3	DB2	DB1	DB0
0	0	0	0	1	DL	N	F	×	×

```
//4bit 설정 시에는 항상 먼저 보내야 한다
#define CMD_FUNCTION_SET 0x28
clcd_command (CMD_FUNCTION_SET);
```

DL	N	F	기능		
0	0	0	4 bit	화면 1행	5 x 8 폰트
0	0	1	4 bit	화면 1행	5 x 11 폰트
0	1	0	4 bit	화면 2행	5 x 8 폰트
0	1	1	4 bit	화면 2행	5 x 11 폰트
1	0	0	8 bit	화면 1행	5 x 8 폰트
1	0	1	8 bit	화면 1행	5 x 11 폰트
1	1	0	8 bit	화면 2행	5 x 8 폰트
1	1	1	8 bit	화면 2행	5 x 11 폰트

■ CG RAM 주소 설정(CG RAM Address Setting)

CG RAM의 주소를 지정합니다. 이후에 송신되는 모든 데이터는 CG RAM에 저장된다.

RS	R/W	DB7	DB6	DB5	DB4	DB3	DB2	DB1	DB0
0	0	0	1	CG RAM Address					

■ DD RAM 주소 설정(DD RAM Address Setting)

DD RAM의 주소를 지정한다. 이후에 송신되는 모든 데이터는 DD RAM에 저장되며, DD RAM의 주소는 다음과 같다.

RS	R/W	DB7	DB6	DB5	DB4	DB3	DB2	DB1	DB0
0	0	1	DD RAM Address						

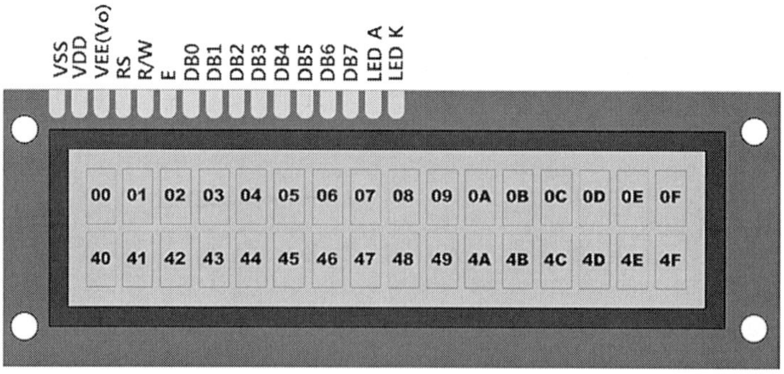

[그림 5-7] DDRAM Address

간혹 00 위치에 문자를 출력하기 위해 00, 40 위치에 출력하기 위해서 40을 입력하는 경우가 있는데, 이는 제대로 된 출력이 아니다. DDRAM에 명령을 주기 위해서는 DB7이 1이 되어야 하므로 항상 0×80이 붙게 된다. 예를 들어서, 03 위치에 문자를 출력하려면 0×80 + 0×03 = 0×83이 되어야 한다. 또한, 4C 위치에 문자를 출력하기 위해서는 0×80 + 0×4C = 0×CC가 된다. 하지만 매번 이러한 계산을 하면서 프로그램을 하는 것은 매우 번거로운 일이다.

다음은 특정 위치로 이동시키는 함수의 원형입니다.

```
void clcd_position(unsigned char y, unsigned char x);
```

예를 들어, c'lcd_position(1, 2)'라면 02 위치에 커서가 위치하고, 'clcd_position (2, 7)'라면 47 위치에 커서가 위치한다.

■ 비지 플래그 읽기(Read Busy Flag)

CLCD 모듈은 마이크로 컨트롤러에 비해 속도가 느리기 때문에 마이크로 컨트롤러가 데이터를 계속 전송해서는 안 된다. 그렇기 때문에 마이크로 컨트롤러는 CLCD가 데이터를 받아들일 준비가 되어있는지 아닌지 알아내야 하는데 이는 비지 플래그를 읽으면 된다.

다음과 같이 CLCD에 전송하면 BF값이 되돌아오는데 이 BF값의 의미는 다음과 같다.

RS	R/W	DB7	DB6	DB5	DB4	DB3	DB2	DB1	DB0
0	0	BF	CG/DD RAM Address						

데이터를 전송하기 이전에 반드시 BF 값을 읽어서 다음 명령어를 받을 수 있는지 여부를 확인해야 한다. BF를 읽어서 0이면 다음 명령어나 데이터를 전송하고, 1이면 기다린다. 하지만 CLCD가 바쁘지 않음에도 불구하고 BF가 여전히 1을 유지하는 경우가 있는데 이러한 경우 CLCD가 계속 멈춰져 있는 경우도 있다.

■ CG RAM 및 DD RAM에 데이터를 쓰는 명령

CG RAM 혹은 DD RAM에 데이터를 쓰는 명령어이다.

RS	R/W	DB7	DB6	DB5	DB4	DB3	DB2	DB1	DB0
1	0	Write Data							

■ CG RAM 및 DD RAM에 데이터를 읽는 명령

CG RAM 혹은 DD RAM에 데이터를 읽는 명령어입니다.

RS	R/W	DB7	DB6	DB5	DB4	DB3	DB2	DB1	DB0
1	1	Read Data							

[참고자료] AVR 이론 : LCD 표시장치의 제어(http://blog.naver.com/gwangryr/220595500442)

(6) TEXT LCD 회로도

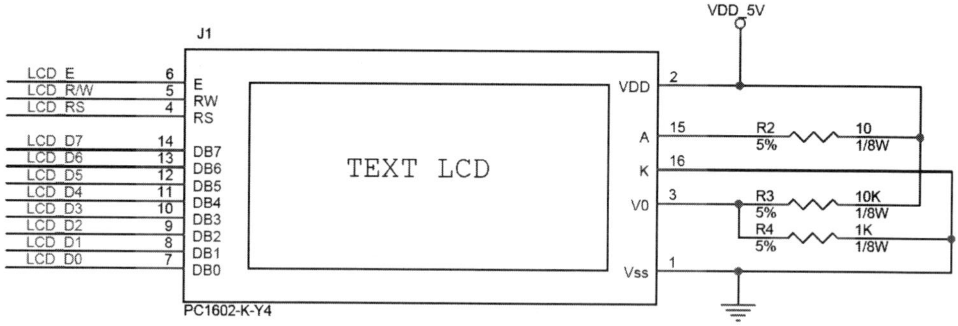

[그림 5-8] TEXT LCD 회로도

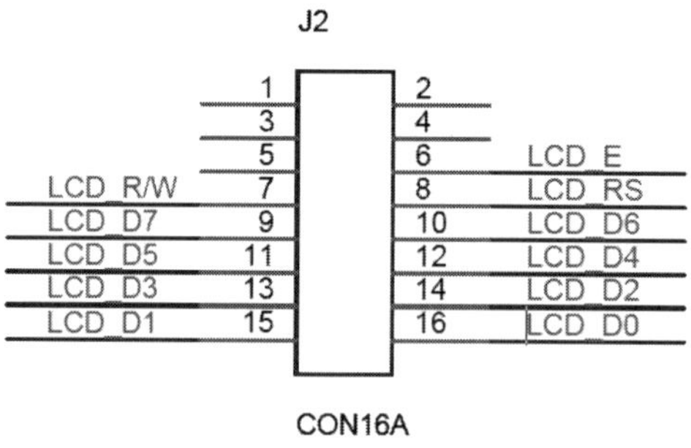

[그림 5-9] 컨넥터

1.1.2 펌웨어 기능 명세서 작성

(1) 동작 시나리오

TEXT LCD가 연결된 핀을 출력으로 설정하고, 화면을 지우는 등 TEXT LCD를 초기화 한다.

TEXT LCD의 첫 번째 줄 첫 번째 칸에 커서를 놓고, 'WELCOME'을 출력한다.

(2) 기능 명세서

위의 동작 시나리오로부터 기능 명세서를 작성하면 다음과 같다.

<table>
<tr><td rowspan="3">K사</td><td colspan="4">펌웨어 개발 설계서</td><td>프로젝트명</td><td>TEXT LCD
문자 출력</td></tr>
<tr><td>문서 종류</td><td>기능 명세서</td><td>버 전</td><td>1.0</td><td>작 성 일</td><td>2016/01/01</td></tr>
<tr><td>문서 번호</td><td colspan="3">K20160101-01</td><td>작 성 자</td><td>홍 길 동</td></tr>
</table>

구 분	기능명	기능 설명	비고
TEXT LCD 제어	커서 위치 설정	TEXT LCD의 선택한 위치(줄과 자리)에 커서를 위치시킨다.	
	문자 출력	입력된 문자를 LCD에 출력한다.	
의견			

1.1.3 펌웨어 설계

앞에서 작성한 동작 시나리오와 기능 명세서를 참고하여 펌웨어 설계도를 작성한다.

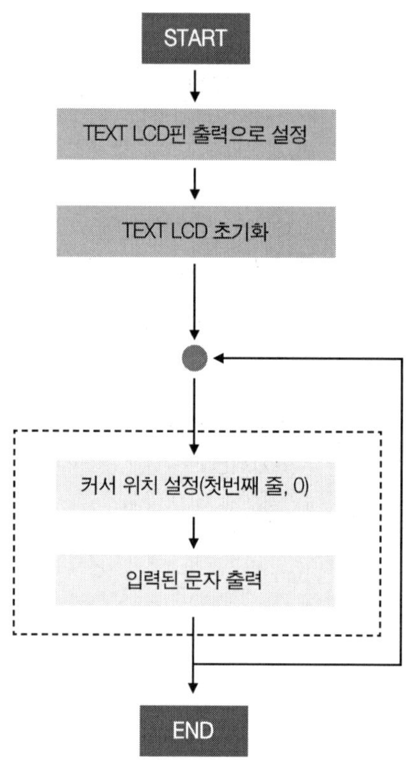

1.2 펌웨어 구현하기

1.2.1 개발환경 구축

(1)실습 준비물

다음은 펌웨어 개발에 관련하여 필요한 준비물이다.

- ▶ 아두이노 스케치
- ▶ USB Cable
- ▶ 하드웨어(MCU, TEXT LCD 모듈)
- ▶ Connect Cable

(2) 결선 방법

펌웨어 개발을 위하여 다음과 같이 연결한다.

■ LCD

LCD	RS	RW	EN
ARDUINO	41	40	39

LCD	D4	D5	D6	D7
ARDUINO	45	44	43	42

1.2.2 라이브러리 구현

■ clear()

→ 기능 : LCD의 화면을 지우고 커서의 위치를 왼쪽 상단으로 이동시킨다.

■ begin(cols, rows)

→ 기능 : LCD의 행과 열의 수를 정의한다.

→ 인자 : cols – LCD 행 수

rows – LCD 열 수

■ setCursor(cols, rows)

→ 기능 : LCD의 커서 위치를 결정한다.

→ 인자 : cols – LCD 행 위치

rows – LCD 열 위치

■ print(data)

→ 기능 : LCD에 문자열을 출력한다.

→ 인자 : data – LCD에 출력할 데이터

1.2.3 펌웨어 구현

LCD를 사용하기 위하여 라이브러리를 선언한다.

```
#include <LiquidCrystal.h>
```

LCD 제어용 출력 핀을 아두이노 호환 핀에 연결한다.

```
//                    RS  E  D4  D5  D6  D7
LiquidCrystal lcd(41, 39, 45, 44, 43, 42); // LCD의 핀을 설정해준다.(순서 변경 불가)
const char RW_PIN = 40;
```

'setup()' 함수에서는 LCD의 RW 핀을 OUTPUT(출력)으로 설정하고 LOW로 설정하여 초기화한다. 라이브러리에 있는 'clear()' 함수를 호출하여 LCD를 CLEAR 시키고, 'begin()'함수를 사용하여 16x2 LCD를 초기화 한다.

```
void setup()
{
        pinMode(RW_PIN, OUTPUT);
        digitalWrite(RW_PIN, LOW);

        lcd.clear();
        lcd.begin(16, 2);
}
```

'loop()' 함수에서는 'setCursor()' 함수를 사용하여 LCD의 커서를 첫 번째 줄, 첫 번째 칸에 위치시키고, 'print()' 함수 인자 값에 LCD에 출력하고자 하는 메시지를 입력한다.

```
void loop()
{
        lcd.setCursor(0,0);
        lcd.print("WELCOME");
}
```

1.3 펌웨어 검증하기

1.3.1 펌웨어 연동 및 테스트 기능

(1) 펌웨어 연동

① 아두이노 프로그램에서 확인(✓) 아이콘을 클릭하여 컴파일이 수행되는 것이 하단의 Build 창에 보이는 것을 확인할 수 있다.

② 장비와 같이 제공되는 USB Cable을 이용하여 아두이노에 다운로드한다. 아래와 같이 장비와 USB Cable을 연결한다.

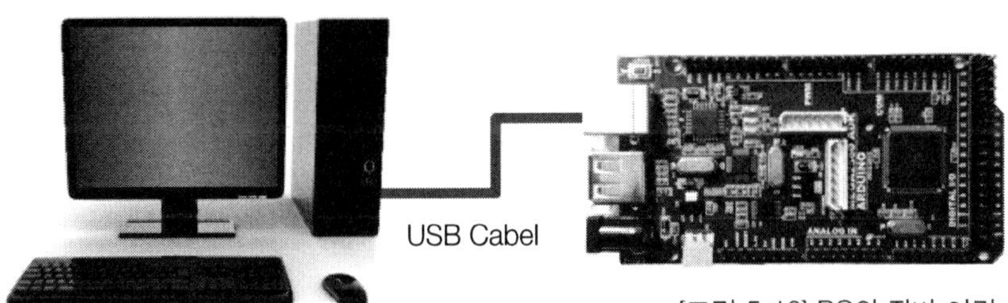

[그림 5-10] PC와 장비 연결

③ '도구 → 시리얼 포트'를 선택하여 컴퓨터와 연결된 COM 포트를 선택한다.

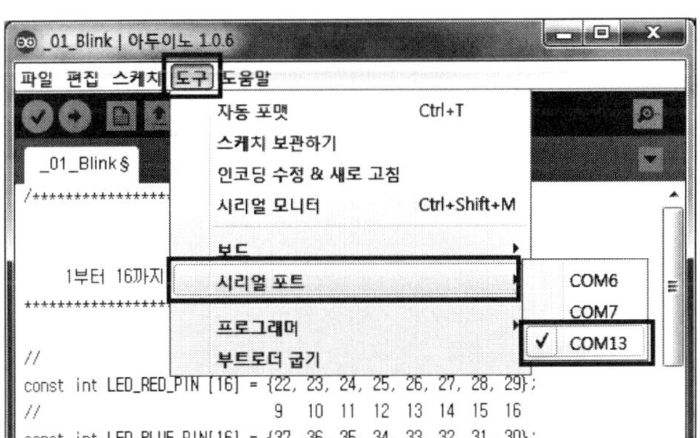

[그림 5-11] 컴포트 선택

④ 아두이노 프로그램에서 업로드(➔) 아이콘을 클릭하여 아두이노에 업로드한다.

(2) 기능 테스트

TEXT LCD에 'WELCOME'이 출력되는 것을 확인할 수 있다.

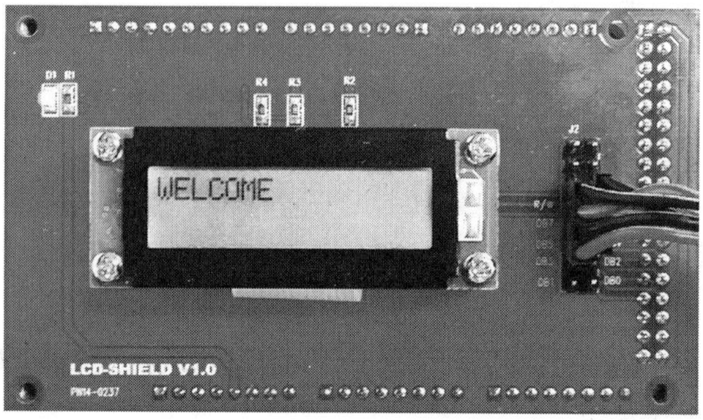

[그림 5-12] 실습 결과

1.3.2 체크리스트 작성

앞의 테스트 결과를 바탕으로 다음의 결과보고서를 작성한다.

<table>
<tr><td rowspan="3">K사</td><td colspan="4">테스트 결과보고서</td><td>프로젝트명</td><td>TEXT LCD
문자 출력</td></tr>
<tr><td>단 계</td><td>1차 테스트</td><td>버 전</td><td>1.0</td><td>작 성 일</td><td>2016/01/01</td></tr>
<tr><td>문서 번호</td><td colspan="3">K20160101-02</td><td>작 성 자</td><td>홍 길 동</td></tr>
<tr><td colspan="7">테스트 체크리스트</td></tr>
</table>

구분	세부 내용	결과	비고
펌웨어 설계	테스트 결과가 동작 시나리오와 일치하는가?		
	코드가 명세서에 요구하는 문제를 해결하고 있는가?		
	사용된 설계도가 올바르게 문제를 해결하는가?		
펌웨어 구현	변수 이름은 의미있게 사용하였는가?		
	코드를 설명하는 주석문을 충분히 기록했는가?		
	에러가 발생하는가?		
	에러 메시지들은 의미가 있는가?		
펌웨어 검증	TEXT LCD의 선택한 위치(줄과 자리)에 커서가 위치하는가?		
	입력하고자 하는 문자가 정확한 위치에 출력되는가?		
의견			

실습 5-2 TEXT LCD에 문자가 이동하는 펌웨어 개발

학습목표

- ▶ TEXT LCD에 출력된 문자를 오른쪽으로 이동시킬 수 있다.
- ▶ TEXT LCD 컨트롤 펌웨어 개발을 위하여 기능 명세서를 작성하고, 이를 바탕으로 펌웨어를 개발할 수 있다.

2.1 펌웨어 설계하기

2.1.1 하드웨어 컴포넌트 파악

'실습 5-1 TEXT LCD에 문자를 출력하는 펌웨어 개발'과 동일하므로 이를 참고한다.

2.1.2 펌웨어 기능 명세서 작성

(1) 동작 시나리오

TEXT LCD 제어 포트 초기화를 위해 TEXT LCD가 연결된 핀을 출력으로 설정한다.

TEXT LCD 첫 번째 줄 1번째 칸에 'HELLO'를 출력하고 문자를 오른쪽으로 이동시킨다.

(2) 기능 명세서

앞의 동작 시나리오로부터 다음의 기능 명세서를 작성한다.

<table>
<tr><td rowspan="3">K사</td><td colspan="4">펌웨어 개발 설계서</td><td>프로젝트명</td><td>TEXT LCD
문자 이동 제어</td></tr>
<tr><td>문서 종류</td><td>기능 명세서</td><td>버 전</td><td>1.0</td><td>작 성 일</td><td>2016/01/01</td></tr>
<tr><td>문서 번호</td><td colspan="3">K20160101-03</td><td>작 성 자</td><td>홍 길 동</td></tr>
</table>

구 분	기능명	기능 설명	비고
의견			

2.1.3 펌웨어 설계

앞에서 작성한 동작 시나리오와 기능 명세서를 참고하여 펌웨어 설계도를 작성한다.

2.2 펌웨어 구현하기

2.2.1 개발환경 구축

'실습 5-1 TEXT LCD에 문자를 출력하는 펌웨어 개발'과 동일하므로 이를 참고한다.

2.2.2 라이브러리 구현

■ scrollDisplayRight()

→ 기능 : LCD에 출력된 내용물을 오른쪽으로 한 칸씩 이동시킨다.

2.2.3 펌웨어 구현

TEXT LCD에 문자를 출력하고 문자를 오른쪽으로 이동시킨다.

```
#include <LiquidCrystal.h>  // LCD 라이브러리 선언

//                RS  E  D4  D5  D6  D7
LiquidCrystal lcd(41, 39, 45, 44, 43, 42);
const char RW_PIN = 40;

void setup()
{
        pinMode(RW_PIN, OUTPUT);
        digitalWrite(RW_PIN, LOW);

        lcd.clear();                              --------- ①
        lcd.begin(16, 2);                         --------- ②
}

void loop()
{
        lcd.clear();
        lcd.setCursor(1,0);                       --------- ③
        lcd.print( "HELLO" );                     --------- ④
        delay(1000);

        "제어 동작"
}
```

(1) 커서를 위치시키고 문자를 출력하는 코드이다. 각 코드에 주석을 작성한다.

⇒ ①:

②:

③:

④:

(2) 위의 코드에서 출력한 문자 "HELLO"를 오른쪽으로 이동시키도록 '제어 동작'을 작성한다. 이때, 주의할 점은 16x2 TEXT LCD가 사용되었다는 것이다.

⇒ 제어 동작 :

2.3 펌웨어 검증하기

2.3.1 펌웨어 연동 및 테스트 기능

(1) 펌웨어 연동

'실습 5-1 TEXT LCD에 문자를 출력하는 펌웨어 개발'과 동일하므로 이를 참고한다.

(2) 기능 테스트

TEXT LCD 첫 번째 줄 1번째 칸에 'HELLO'가 출력되고 문자가 오른쪽으로 이동하는 것을 확인할 수 있다.

[그림 5-13] 실습 결과

2.3.2 체크리스트 작성

앞의 테스트 결과를 바탕으로 다음의 결과보고서를 작성한다.

<table>
<tr><td rowspan="3">K사</td><td colspan="4">테스트 결과보고서</td><td>프로젝트명</td><td>TEXT LCD
도형 출력</td></tr>
<tr><td>단 계</td><td>1차 테스트</td><td>버 전</td><td>1.0</td><td>작 성 일</td><td>2016/01/01</td></tr>
<tr><td>문서 번호</td><td colspan="3">K20160101-04</td><td>작 성 자</td><td>홍 길 동</td></tr>
</table>

<table>
<tr><td colspan="4">테스트 체크리스트</td></tr>
<tr><th>구분</th><th>세부 내용</th><th>결과</th><th>비고</th></tr>
<tr><td rowspan="3">펌웨어
설계</td><td>테스트 결과가 동작 시나리오와 일치하는가?</td><td></td><td></td></tr>
<tr><td>코드가 명세서에 요구하는 문제를 해결하고 있는가?</td><td></td><td></td></tr>
<tr><td>사용된 설계도가 올바르게 문제를 해결하는가?</td><td></td><td></td></tr>
<tr><td rowspan="4">펌웨어
구현</td><td>변수 이름은 의미있게 사용하였는가?</td><td></td><td></td></tr>
<tr><td>코드를 설명하는 주석문을 충분히 기록했는가?</td><td></td><td></td></tr>
<tr><td>에러가 발생하는가?</td><td></td><td></td></tr>
<tr><td>에러 메시지들은 의미가 있는가?</td><td></td><td></td></tr>
<tr><td rowspan="6">펌웨어
검증</td><td></td><td></td><td></td></tr>
<tr><td></td><td></td><td></td></tr>
<tr><td></td><td></td><td></td></tr>
<tr><td></td><td></td><td></td></tr>
<tr><td></td><td></td><td></td></tr>
<tr><td></td><td></td><td></td></tr>
<tr><td>의견</td><td colspan="3"></td></tr>
</table>

PART

06

〈NCS 학습모듈 기반〉 아두이노(Arduino)를 이용한 펌웨어 개발 실무

KEYPAD 제어 펌웨어 개발

학습목표

▶ 선택된 KEYPAD의 값을 TEXT LCD에 출력할 수 있다.

▶ KEYPAD의 상태를 LED로 출력할 수 있다.

▶ KEYPAD 컨트롤 펌웨어 개발을 위하여 기능 명세서를 작성하고, 이를 바탕으로 펌웨어를 개발할 수 있다.

PART 06

KEYPAD 제어 펌웨어 개발

이번 장에서는 KEYPAD의 구조와 동작 방법을 이해하고, 아두이노를 이용하여 KEYPAD를 컨트롤한다. 또한 기능 명세서를 바탕으로 펌웨어 개발환경을 구축하고, KEYPAD 컨트롤에 적용할 펌웨어의 설계, 구현, 검증을 수행한다.

실습 6-1 KEYPAD 상태 출력 펌웨어 개발

학습목표

▶ 선택된 KEYPAD의 값을 TEXT LCD에 출력할 수 있다.

▶ KEYPAD 컨트롤 펌웨어 개발을 위하여 기능 명세서를 작성하고, 이를 바탕으로 펌웨어를 개발할 수 있다.

1.1 펌웨어 설계하기

1.1.1 하드웨어 컴포넌트 파악

(1) KEYPAD의 구조 및 동작 방법

KEYPAD를 이루는 스위치는 Tact 스위치이다. Tact 스위치는 눌렸을 때 접점이 연결되는 A접점 타입의 스위치이다. Keypad는 4X4 Key 매트릭스가 되며 행의 출력을 이용하여 키 입력을 검색할 위치를 선택하고 열의 입력 값을 이용하여 해당키 위치를 파악할 수 있다. 즉, 순차적으로 출력 값을 바꿔주며 입력되는 키 값을 통해 16개의 키 중에서 어느 키가 눌렸는지 확인이 가능한 일종의 동적 구동을 이용한 입력 제어이나.

(2) KEYPAD 회로도

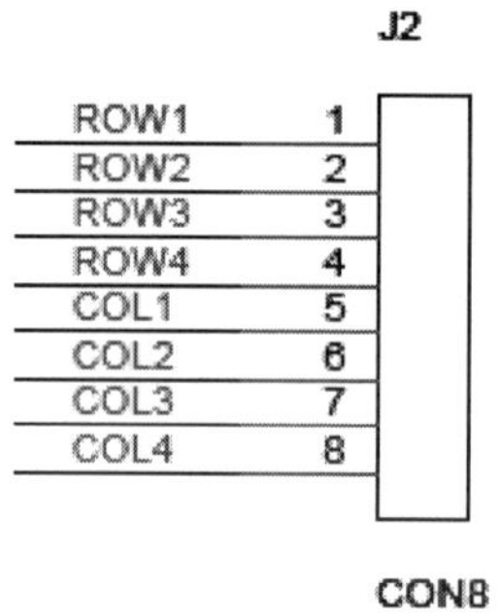

[그림 6-1] 컨넥터

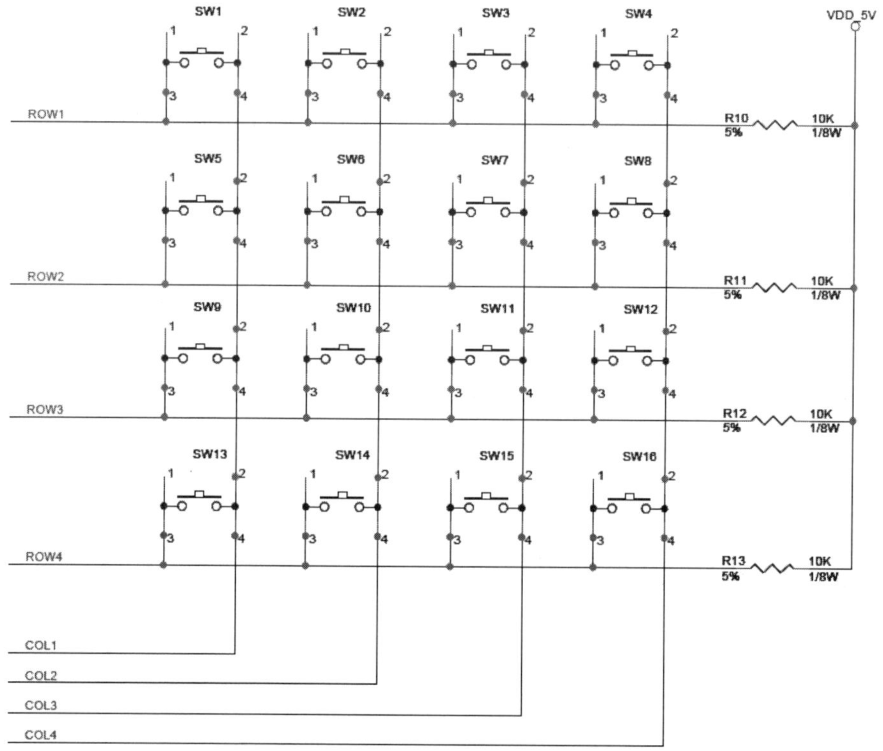

[그림 6-2] KEYPAD 회로도

1.1.2 펌웨어 기능 명세서 작성

(1) 동작 시나리오

KEYPAD가 연결된 핀의 Col은 출력/Row는 입력으로 설정하고, TEXT LCD가 연결된 핀은 출력으로 설정 후 TEXT LCD 제어 셋팅을 한다.

선택된 KEYPAD 값을 읽어와 변수에 저장하고, TEXT LCD 첫 번째 줄에는 실습 제목, 두 번째 줄에는 KEYPAD의 값을 출력한다.

(2) 기능 명세서

위의 동작 시나리오로부터 기능 명세서를 작성하면 다음과 같다.

<table>
<tr><td rowspan="3">K사</td><td colspan="4">펌웨어 개발 설계서</td><td>프로젝트명</td><td>KEYPAD
상태 출력</td></tr>
<tr><td>문서 종류</td><td>기능 명세서</td><td>버 전</td><td>1.0</td><td>작 성 일</td><td>2016/01/01</td></tr>
<tr><td>문서 번호</td><td colspan="3">K20160101-01</td><td>작 성 자</td><td>홍 길 동</td></tr>
</table>

구 분	기능명	기능 설명	비고
KEYPAD 제어	변수 선언	데이터 배열 변수를 선언한다.	
	Read KEYPAD	KEYPAD의 값을 읽어와 변수에 저장한다.	
	TEXT LCD 제목 출력	TEXT LCD 첫 번째 줄에 실습 제목을 출력한다.	
	TEXT LCD KEYPAD 값 출력	변수에 저장한 값을 TEXT LCD에 출력한다.	
의견			

1.1.3 펌웨어 설계

앞에서 작성한 동작 시나리오와 기능 명세서를 참고하여 펌웨어 설계도를 작성한다.

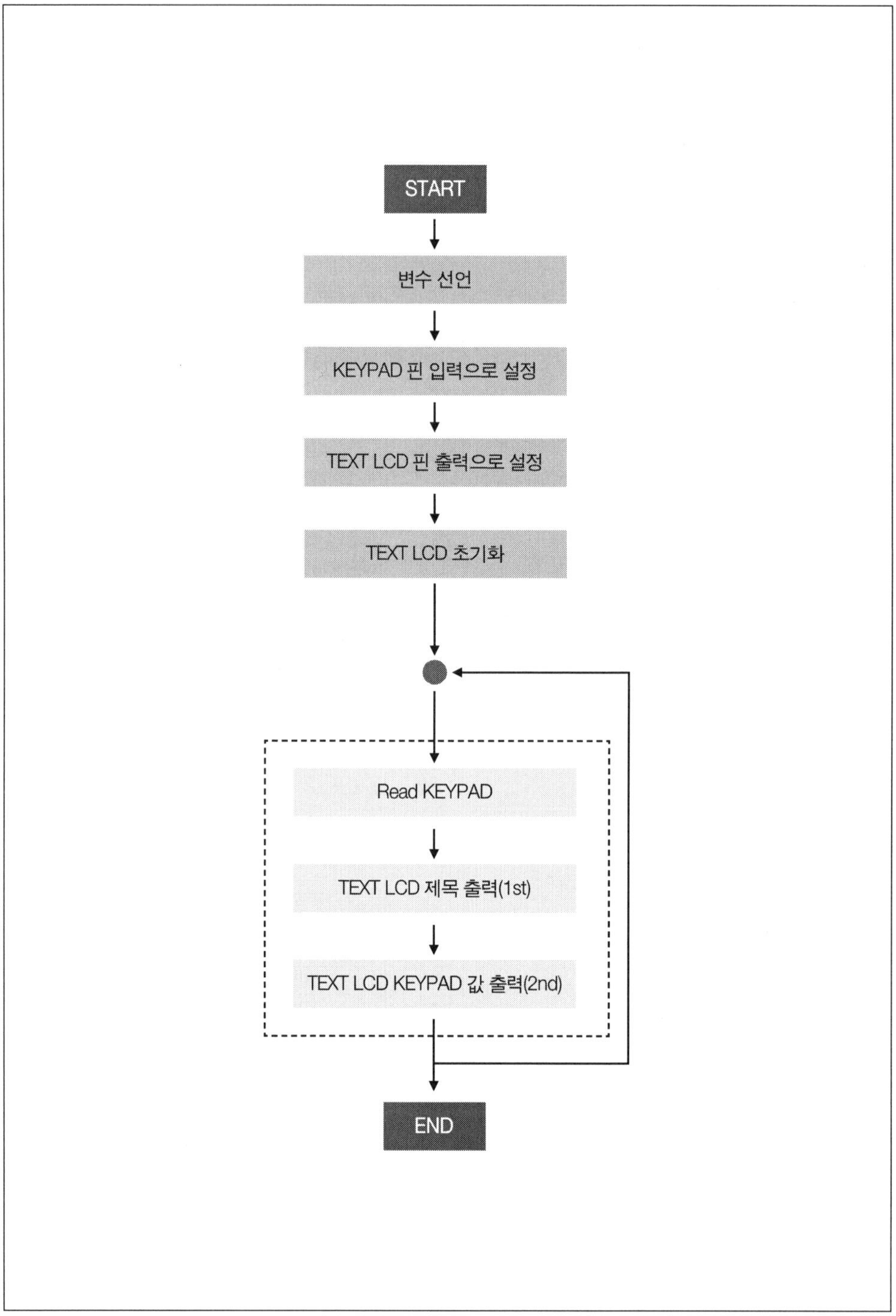

1.2 펌웨어 구현하기

1.2.1 개발환경 구축

(1) 실습 준비물

다음은 펌웨어 개발에 관련하여 필요한 준비물이다.

- ▶ 아두이노 스케치
- ▶ USB Cable
- ▶ 하드웨어(MCU, KEYPAD, TEXT LCD 모듈)
- ▶ Connect Cable

(2) 결선 방법

펌웨어 개발을 위하여 다음과 같이 연결한다.

■ KEYPAD

KEYPAD	COL1	COL2	COL3	COL4
ARDUINO	A12	A13	A14	A15

KEYPAD	ROW1	ROW2	ROW3	ROW4
ARDUINO	A8	A9	A10	A11

■ LCD

LCD	RS	RW	EN
ARDUINO	41	40	39

LCD	D4	D5	D6	D7
ARDUINO	45	44	43	42

1.2.2 라이브러리 구현

■ int getKeyNumber()

→ 기능 : KEYPAD에서 선택된 버튼의 값을 찾는 함수이다.

1.2.3 펌웨어 구현

KEYPAD , LCD 제어용 출력 핀을 호환 핀에 연결한다.

```
#include <LiquidCrystal.h>                          // LCD 라이브러리 선언

//                  RS  E  D4  D5  D6  D7
LiquidCrystal lcd(41, 39, 45, 44, 43, 42);

const int row_pin[] = { A8,  A9,  A10, A11 };  // Columm에(열) 대한 핀 값
const int col_pin[] = { A12, A13, A14, A15 };  // Row에(행) 대한 핀 값
```

'setup()'함수에서는 KEYPAD의 ROW 핀은 입력, COLUMN 핀은 출력으로 설정하고, COLUMN 핀을 HIGH로 초기화 한다. 그리고 LCD를 초기화하고, LCD 첫 번째 줄에 제목을 출력한다.

```
void setup()
{
  for(int i = 0; i < 4; i++)
      pinMode(row_pin[i],INPUT);

   for(int i = 0; i < 4; i++)
      pinMode(col_pin[i], OUTPUT);

   for(int i = 0; i < 4; i++)
      digitalWrite(col_pin[i], HIGH);

  pinMode(40, OUTPUT);                   // LCD의 RW 핀을 OUTPUT(출력)으로 설정한다.
  digitalWrite(40, LOW);                 // LCD의 RW 핀을 LOW로 설정한다.

  lcd.begin(16, 2);                      // 16x2 LCD를 초기화 한다.
  lcd.clear();                           // 현재 LCD의 화면을 모두 지운다.
  lcd.print("Key Matrix Exam.");         // LCD에 " " 안에 메세지를 출력한다
}
```

'loop()' 함수에서는 KEYPAD의 값을 저장할 변수 'keyValue'를 선언하고 0으로 초기화 한다. 그리고 변수에 'getKeyNumber()' 함수를 사용하여 현재 선택된 KEYPAD 값을 읽어 와 저장한다.

```
void loop()
{
        int keyValue = 0;
        keyValue = getKeyNumber();
```

입력된 KEYPAD의 값이 있으면 그 값을 두 번째 줄에 출력한다.

```
 if(keyValue != 0)
 {
  lcd.clear();
  lcd.print("Key Matrix Exam.");              // LCD에 따옴표 내에 있는 메세지를 출력한다.

  // 현재 키 값을 출력한다.
  lcd.setCursor(0,1);                          // 커서를 둘째줄로 이동시킨다.
  lcd.print("Key Value : ");
  lcd.setCursor(12,1);
   lcd.print(keyValue, DEC);                   // 센서 값을 10진수로 출력한다.
  delay(300);
 }
}
```

'getKeyNumber()' 함수는 KEYPAD의 선택된 값을 구하는 함수이다. 현재 눌린 키 값을 반환시킬 변수'result'를 선언하고 초기화한다. for문으로 Column과 Row를 검색하며 선택된 KEYPAD 값이 있는지 찾는다. 만약 선택되어진 값이 있을 경우 KEYPAD의 값을 계산하여 변환한다.

```
int getKeyNumber()
{
    int result = 0;

    for(int col = 0; col < 4; col++)          // columm 선택을 위해 4번 반복
    {
    digitalWrite(col_pin[col], LOW);          // columm을 선택한다

    for(int row = 0; row < 4; row++)          // row를 반복하며 현재 눌린 키 값을 찾는다
    {
        if(digitalRead(row_pin[row]) == 0)    // 눌린(0값)키가 있을 시 아래 구문 시행
        {
        // 키패드 row의 첫 숫자는 4씩 증가하므로 4를 곱해준다. 숫자를 반환하기 위한 연산
        result = ((row * 4) + col) + 1;
        break;
        }
    }
    digitalWrite(col_pin[col], HIGH);         // 선택한 columm을 해지한다
    }
    return result;                            // 눌린 키를 감지해 반환한다.
}
```

1.3 펌웨어 검증하기

1.3.1 펌웨어 연동 및 테스트 기능

(1) 펌웨어 연동

① 아두이노 프로그램에서 확인( ) 아이콘을 클릭하여 컴파일이 수행되는 것이 하단의 Build 창에 보이는 것을 확인할 수 있다.

② 장비와 같이 제공되는 USB Cable을 이용하여 아두이노에 다운로드한다. 아래와 같이 장비와 USB Cable을 연결한다.

[그림 6-3] PC와 장비 연결

③ '도구 → 시리얼 포트'를 선택하여 컴퓨터와 연결된 COM 포트를 선택한다.

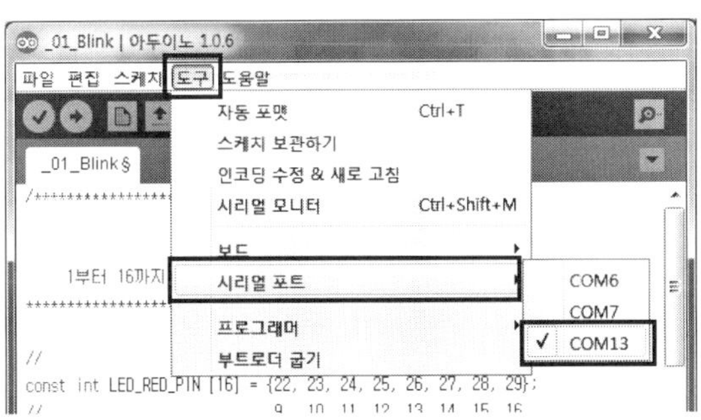

[그림 6-4] 컴포트 선택

④ 아두이노 프로그램에서 업로드( ) 아이콘을 클릭하여 아두이노에 업로드한다.

(2) 기능 테스트

KEYPAD를 선택하면 그 값이 TEXT LCD에 출력되는 것을 확인할 수 있다.

[그림 6-5] 실습 결과

1.3.2 체크리스트 작성

앞의 테스트 결과를 바탕으로 다음의 결과보고서를 작성한다.

<table>
<tr><td rowspan="3">K사</td><td colspan="4">테스트 결과보고서</td><td>프로젝트명</td><td>KEYPAD 상태 출력</td></tr>
<tr><td>단 계</td><td>1차 테스트</td><td>버 전</td><td>1.0</td><td>작 성 일</td><td>2016/01/01</td></tr>
<tr><td>문서 번호</td><td colspan="3">K20160101-02</td><td>작 성 자</td><td>홍 길 동</td></tr>
</table>

<table>
<tr><td colspan="4">테스트 체크리스트</td></tr>
<tr><th>구분</th><th>세부 내용</th><th>결과</th><th>비고</th></tr>
<tr><td rowspan="3">펌웨어 설계</td><td>테스트 결과가 동작 시나리오와 일치하는가?</td><td></td><td></td></tr>
<tr><td>코드가 명세서에 요구하는 문제를 해결하고 있는가?</td><td></td><td></td></tr>
<tr><td>사용된 설계도가 올바르게 문제를 해결하는가?</td><td></td><td></td></tr>
<tr><td rowspan="4">펌웨어 구현</td><td>변수 이름은 의미있게 사용하였는가?</td><td></td><td></td></tr>
<tr><td>코드를 설명하는 주석문을 충분히 기록했는가?</td><td></td><td></td></tr>
<tr><td>에러가 발생하는가?</td><td></td><td></td></tr>
<tr><td>에러 메시지들은 의미가 있는가?</td><td></td><td></td></tr>
<tr><td rowspan="6">펌웨어 검증</td><td>데이터 배열 변수를 선언하였는가?</td><td></td><td></td></tr>
<tr><td>KEYPAD의 값을 각각 읽어오는가?</td><td></td><td></td></tr>
<tr><td>TEXT LCD 첫 번째 줄에 실습 제목을 출력하는가?</td><td></td><td></td></tr>
<tr><td>TEXT LCD 두 번째 줄에 선택된 KEYPAD의 값을 출력하는가?</td><td></td><td></td></tr>
<tr><td></td><td></td><td></td></tr>
<tr><td></td><td></td><td></td></tr>
<tr><td>의견</td><td colspan="3"></td></tr>
</table>

➶ 실습 6-2 KEYPAD를 이용한 LED 제어 펌웨어 개발

학습목표

- ▶ KEYPAD의 상태를 LED로 출력할 수 있다.
- ▶ KEYPAD 제어 펌웨어 개발을 위하여 기능 명세서를 작성하고, 이를 바탕으로 펌웨어를 개발할 수 있다.

2.1 펌웨어 설계하기

2.1.1 하드웨어 컴포넌트 파악

'실습 6-1 KEYPAD 상태 출력 펌웨어 개발'과 동일하므로 이를 참고한다.

2.1.2 펌웨어 기능 명세서 작성

(1) 동작 시나리오

KEYPAD가 연결된 핀의 Col은 출력/Row는 입력으로 설정하고, LED가 연결된 핀은 출력으로 설정한다.

선택된 KEYPAD 값을 읽어와 변수에 저장하고, LED 16개의 ON/OFF를 제어한다.

(2) 기능 명세서

앞의 동작 시나리오로부터 다음의 기능 명세서를 작성한다.

<table>
<tr><td rowspan="3">K사</td><td colspan="4">펌웨어 개발 설계서</td><td>프로젝트명</td><td>KEYPAD와
LED 제어</td></tr>
<tr><td>문서 종류</td><td>기능 명세서</td><td>버 전</td><td>1.0</td><td>작 성 일</td><td>2016/01/01</td></tr>
<tr><td>문서 번호</td><td colspan="3">K20160101-03</td><td>작 성 자</td><td>홍 길 동</td></tr>
</table>

구 분	기능명	기능 설명	비고
의견			

2.1.3 펌웨어 설계

앞에서 작성한 동작 시나리오와 기능 명세서를 참고하여 펌웨어 설계도를 작성한다.

2.2 펌웨어 구현하기

2.2.1 개발환경 구축

(1) 실습 준비물

다음은 펌웨어 개발에 관련하여 필요한 준비물이다.

▶ 아두이노 스케치

▶ USB Cable

▶ 하드웨어(MCU, KEYPAD, LED 모듈)

▶ Connect Cable

(2) 결선 방법

펌웨어 개발을 위하여 다음과 같이 연결한다.

■ KEYPAD

KEYPAD	COL1	COL2	COL3	COL4
ARDUINO	A12	A13	A14	A15

KEYPAD	ROW1	ROW2	ROW3	ROW4
ARDUINO	A8	A9	A10	A11

■ LED

LED	LED1	LED2	LED3	LED4	LED5	LED6	LED7	LED8
ARDUINO	22	23	24	25	26	27	28	29

LED	LED1	LED2	LED3	LED4	LED5	LED6	LED7	LED8
ARDUINO	22	23	24	25	26	27	28	29

2.2.2 라이브러리 구현

'실습 6-1 KEYPAD 상태 출력 펌웨어 개발'과 동일하므로 이를 참고한다.

2.2.3 펌웨어 구현

선택된 KEYPAD의 값을 읽어와 LED에 값을 출력한다.

```
const int row_pin[] = { A8,  A9,  A10, A11 };            // Columm에(열) 대한 핀 값
const int col_pin[] = { A12, A13, A14, A15 };            // Row에(행) 대한 핀 값

//                          1   2   3   4   5   6   7   8
const int LED_RED_PIN [8] = {22, 23, 24, 25, 26, 27, 28, 29};
//                          9  10  11  12  13  14  15  16
const int LED_BLUE_PIN[8] = {37, 36, 35, 34, 33, 32, 31, 30};

boolean buttonFlag[17] = { 0 };

void setup()
{
        for(int i = 0; i < 4; i++)                       --------- ①
        {
                pinMode(row_pin[i],INPUT);
                pinMode(col_pin[i], OUTPUT);
                digitalWrite(col_pin[i], HIGH);
        }

        for(int i = 0; i < 8; i++)                       --------- ②
        {
                pinMode(LED_RED_PIN[i],  OUTPUT);
                pinMode(LED_BLUE_PIN[i], OUTPUT);

                digitalWrite(LED_RED_PIN[i],  HIGH);
                digitalWrite(LED_BLUE_PIN[i], HIGH);
        }
}

void loop()
{
```

```
        int keyValue = 0;
        keyValue = getKeyNumber();                    --------- ③

        "제어 동작"
}
```

(1) 각 코드에 주석을 작성한다.

⇒ ① :

② :

③ :

(2) 위의 코드에서 읽어온 KEYPAD의 값을 LED 16개 ON/OFF 동작을 하도록 '제어 동작'을 작성한다.

⇒ 제어 동작 :

2.3 펌웨어 검증하기

2.3.1 펌웨어 연동 및 테스트 기능

(1) 펌웨어 연동

'실습 6-1 KEYPAD 상태 출력 펌웨어 개발'과 동일하므로 이를 참고한다.

(2) 기능 테스트

KEYPAD에서 입력되는 값이 LED의 ON/OFF로 제어되는 것을 확인할 수 있다.

2.3.2 체크리스트 작성

앞의 테스트 결과를 바탕으로 다음의 결과보고서를 작성한다.

<table>
<tr><td rowspan="3">K사</td><td colspan="4">테스트 결과보고서</td><td>프로젝트명</td><td>KEYPAD와 LED 제어</td></tr>
<tr><td>단 계</td><td>1차 테스트</td><td>버 전</td><td>1.0</td><td>작 성 일</td><td>2016/01/01</td></tr>
<tr><td>문서 번호</td><td colspan="3">K20160101-04</td><td>작 성 자</td><td>홍 길 동</td></tr>
</table>

<table>
<tr><th colspan="4">테스트 체크리스트</th></tr>
<tr><th>구분</th><th>세부 내용</th><th>결과</th><th>비고</th></tr>
<tr><td rowspan="3">펌웨어 설계</td><td>테스트 결과가 동작 시나리오와 일치하는가?</td><td></td><td></td></tr>
<tr><td>코드가 명세서에 요구하는 문제를 해결하고 있는가?</td><td></td><td></td></tr>
<tr><td>사용된 설계도가 올바르게 문제를 해결하는가?</td><td></td><td></td></tr>
<tr><td rowspan="4">펌웨어 구현</td><td>변수 이름은 의미있게 사용하였는가?</td><td></td><td></td></tr>
<tr><td>코드를 설명하는 주석문을 충분히 기록했는가?</td><td></td><td></td></tr>
<tr><td>에러가 발생하는가?</td><td></td><td></td></tr>
<tr><td>에러 메시지들은 의미가 있는가?</td><td></td><td></td></tr>
<tr><td rowspan="6">펌웨어 검증</td><td></td><td></td><td></td></tr>
<tr><td></td><td></td><td></td></tr>
<tr><td></td><td></td><td></td></tr>
<tr><td></td><td></td><td></td></tr>
<tr><td></td><td></td><td></td></tr>
<tr><td></td><td></td><td></td></tr>
<tr><td>의견</td><td colspan="3"></td></tr>
</table>

PART
07

〈NCS 학습모듈 기반〉 아두이노(Arduino)를 이용한 펌웨어 개발 실무

STEP MOTOR 제어 펌웨어 개발

학습목표

- ▶ STEP MOTOR의 회전 방향을 제어할 수 있다.
- ▶ STEP MOTOR의 회전 속도를 제어할 수 있다.
- ▶ STEP MOTOR 제어 펌웨어 개발을 위하여 기능 명세서를 작성하고, 이를 바탕으로 펌웨어를 개발할 수 있다.

PART 07

STEP MOTOR 제어 펌웨어 개발

이번 장에서는 STEP MOTOR의 구조와 동작 방법을 이해하고, 아두이노를 이용하여 STEP MOTOR를 제어한다. 또한 기능 명세서를 바탕으로 펌웨어 개발 환경을 구축하고, STEP MOTOR 제어에 적용할 펌웨어의 설계, 구현, 검증을 수행한다.

실습 7-1 STEP MOTOR 회전 방향 제어 펌웨어 개발

학습목표

- ▶ STEP MOTOR의 회전 방향을 제어할 수 있다.
- ▶ STEP MOTOR 제어 펌웨어 개발을 위하여 기능 명세서를 작성하고, 이를 바탕으로 펌웨어를 개발할 수 있다.

1.1 펌웨어 설계하기

1.1.1 하드웨어 컴포넌트 파악

(1) STEP MOTOR란

스테퍼모터(Stepper motor, 스텝모터 혹은 스테핑모터)란 한 바퀴의 회전을 많은 수의 스텝들로 나눌 수 있는 브러쉬리스 직류 전기 모터이다. 모터의 위치는 모터가 적절하게 장치에 설치되어 있는 한, 어떤 피드백 장치 없이도 아주 정확하게 조절이 가능하다.

변환 저항 모터란 보통 극성 변환수치가 줄어들고, 폐쇄되어 반복적으로 정류되는 아주 거대한 스테핑 모터를 말한다.

(2) STEP MOTOR의 동작 원리

직류 브러쉬 모터는 전극의 전압이 적용됨에 따라 연속적으로 회전하는 반면에, 스텝모터는 효과적으로 다수의 톱니모양 전자석이 금속기어를 중심으로 주변에 매치되어 있다. 이때 전자석은 마이크로컨트롤러(Microcontoroller) 같은 외부 제어 회로로부터 전류를 받아 작동한다. 모터의 한 축을 돌리기 위해선 일단 한 전자석이 전력을 받게 하여 기어의 톱니를 전자석으로 끌어당기게 한다. 첫 번째 전자석에 기어의 톱니가 일직선으로 맞춰지면 기어는 서서히 다음 전자석으로 치우쳐지게 된다. 따라서 다음 전자석이 전력을 받게 되면 이전의 전자석은 꺼지게 되고, 기어의 톱니는 다음 전자석에 일직선이 되며 이런 작용들을 반복시킨다. 이때 회전의 각각 작용을 '스텝'이라 하며 수많은 스텝들이 전체의 회전을 만들어 낸다. 이를 통해서 모터는 정밀한 각각으로 회전될 수 있다.

[참고자료] 위키백과 스테퍼모터(https://ko.wikipedia.org/)

(3) STEP MOTOR 회로도

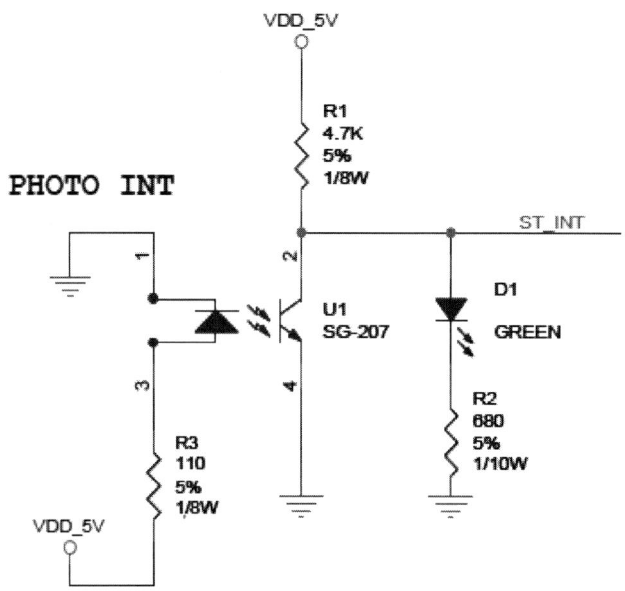

[그림 7-1] STEP MOTOR 회로도

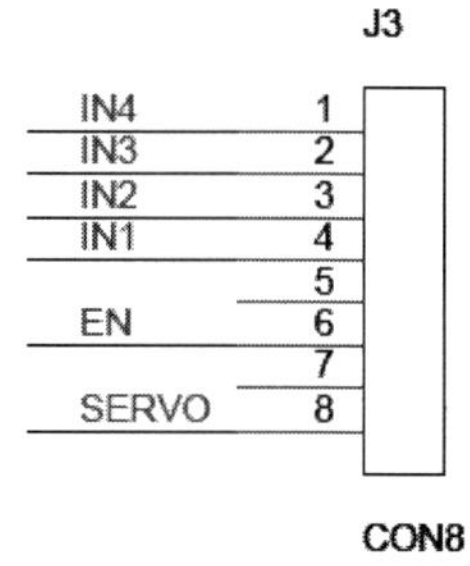

[그림 7-2] 컨넥터

1.1.2 펌웨어 기능 명세서 작성

(1) 동작 시나리오

STEP MOTOR가 연결된 핀을 출력으로 설정한다.

STEP MOTOR를 2초 간격으로 정회전으로 360도 회전시킨 후 역회전으로 360도 회전시킨다.

(2) 기능 명세서

위의 동작 시나리오로부터 기능 명세서를 작성하면 다음과 같다.

<table>
<tr><td rowspan="3">K사</td><td colspan="4">펌웨어 개발 설계서</td><td>프로젝트명</td><td>STEP MOTOR
회전 방향 제어</td></tr>
<tr><td>문서 종류</td><td>기능 명세서</td><td>버 전</td><td>1.0</td><td>작 성 일</td><td>2016/01/01</td></tr>
<tr><td>문서 번호</td><td colspan="3">K20160101-01</td><td>작 성 자</td><td>홍 길 동</td></tr>
</table>

<table>
<tr><th>구 분</th><th>기능명</th><th>기능 설명</th><th>비고</th></tr>
<tr><td>STEP MOTOR
제어</td><td>STEP MOTOR
정회전</td><td>STEP MOTOR를 정회전으로 360도 회전시킨다.</td><td></td></tr>
<tr><td></td><td>STEP MOTOR
역회전</td><td>STEP MOTOR를 역회전으로 360도 회전시킨다.</td><td></td></tr>
<tr><td></td><td>Delay</td><td>시간지연 함수에 숫자(단위 ms)를 입력하면 시간지연이 된다.</td><td></td></tr>
<tr><td></td><td></td><td></td><td></td></tr>
<tr><td></td><td></td><td></td><td></td></tr>
<tr><td></td><td></td><td></td><td></td></tr>
<tr><td></td><td></td><td></td><td></td></tr>
<tr><td></td><td></td><td></td><td></td></tr>
<tr><td>의견</td><td colspan="3"></td></tr>
</table>

1.1.3 펌웨어 설계

앞에서 작성한 동작 시나리오와 기능 명세서를 참고하여 펌웨어 설계도를 작성한다.

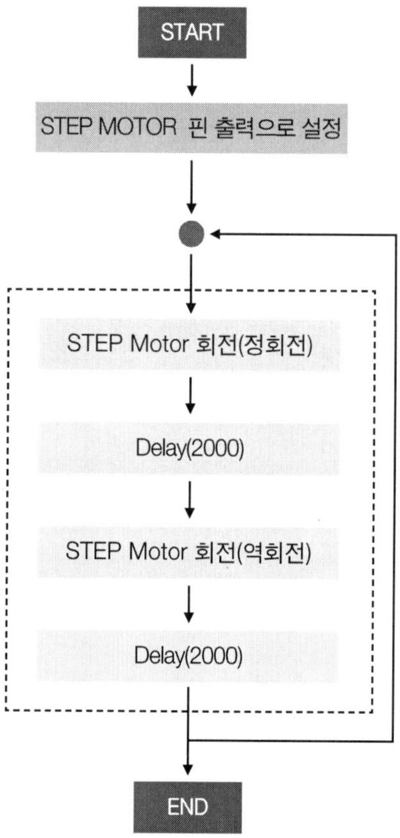

1.2 펌웨어 구현하기

1.2.1 개발환경 구축

(1)실습 준비물

다음은 펌웨어 개발에 관련하여 필요한 준비물이다.

▶ 아두이노 스케치

▶ USB Cable

▶ 하드웨어(MCU, STEP MOTOR 모듈)

▶ Connect Cable

(2) 결선 방법

펌웨어 개발을 위하여 다음과 같이 연결한다.

■ STEP MOTOR

STEP	A' (IN-1)	A (IN-2)	B (IN-3)	B' (IN-4)
ARDUINO	3	2	1	0

STEP	EN
ARDUINO	5

1.2.2 라이브러리 구현

■ setSpeed(rpms)

→ 기능 : 1분당 회전하는 STEP 모터의 속도를 설정한다.

→ 인자 : rpms – 모터 회전 속도

■ step(steps)

→ 기능 : 인자 값만큼 모터를 회전시킨다.

1스텝에 1.8° 회전으로 360° 회전을 위해 200 step이 필요하다.

→ 인자 : steps – 모터를 회전시킬 스텝 수

1.2.3 펌웨어 구현

Stepper 라이브러리를 사용하기 위해 "Stepper.h" 헤더파일을 포함시킨다.

```
#include 〈Stepper.h〉
```

STEP Motor 제어용 출력 핀을 아두이노 호환 핀에 연결한다. 또한 STEP MOTOR가 360° 회전하기 위해서 'MOTOR_STEP' 변수를 선언하고 값을 200으로 설정한다. 1스텝은 1.8° 이동한다.

```
const int _A_IN1 = 3;                // Motor Pin A' Input 1(Orange)
const int  A_IN2 = 2;                // Motor Pin A  Input 2(Brown)
const int  B_IN3 = 1;                // Motor Pin B  Input 3(RED)
const int _B_IN4 = 0;                // Motor Pin B' Input 4(YELLOW)
const int ENABLE_PIN = 5;            // 활성핀

const int MOTOR_STEP = 200;          // 360' / 1.8'(모터의 스텝각)
```

Stepper 클래스 객체를 생성하고, STEP MOTOR의 속도 값을 설정하기 위하여 'speedVal' 변수를 선언하고 1~100사이의 값을 입력한다.

```
Stepper stepper(MOTOR_STEP, _B_IN4,B_IN3,A_IN2,_A_IN1);
int speedVal = 100;                  // 스텝 모터의 속도 값
```

'setup()' 함수에서는 Enable 핀을 출력으로 설정하고 HIGH로 설정한다. 또한 'setSpeed()' 함수를 사용하여 STEP MOTOR의 속도를 설정한다.

```
void setup()
{
        pinMode(ENABLE_PIN,OUTPUT);
        digitalWrite(ENABLE_PIN, HIGH);

        stepper.setSpeed(speedVal);
}
```

'loop()' 함수에서는 'step()' 함수의 스텝 값을 200으로 주어 STEP MOTOR를 시계방향으로 360° 회전시키고 2초간 대기한다. 그리고 스텝 값을 -200으로 주어 STEP MOTOR를 반시계방향으로 360° 회전시키고 2초간 대기한다.

```
void loop()
{
        stepper.step(200);              // 정회전
        delay(2000);

        stepper.step(-200);             // 역회전
        delay(2000);
}
```

1.3 펌웨어 검증하기

1.3.1 펌웨어 연동 및 테스트 기능

(1) 펌웨어 연동

① 아두이노 프로그램에서 확인( ) 아이콘을 클릭하여 컴파일이 수행되는 것이 하단의 Build 창에 보이는 것을 확인할 수 있다.

② 장비와 같이 제공되는 USB Cable을 이용하여 아두이노에 다운로드한다. 아래와 같이 장비와 USB Cable을 연결한다.

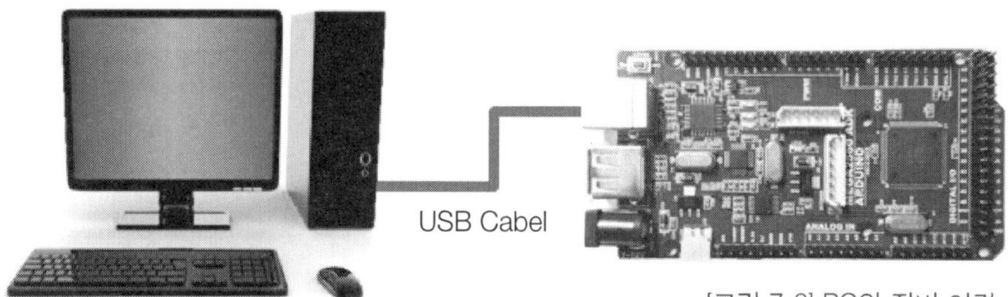

[그림 7-3] PC와 장비 연결

③ '도구 → 시리얼 포트'를 선택하여 컴퓨터와 연결된 COM 포트를 선택한다.

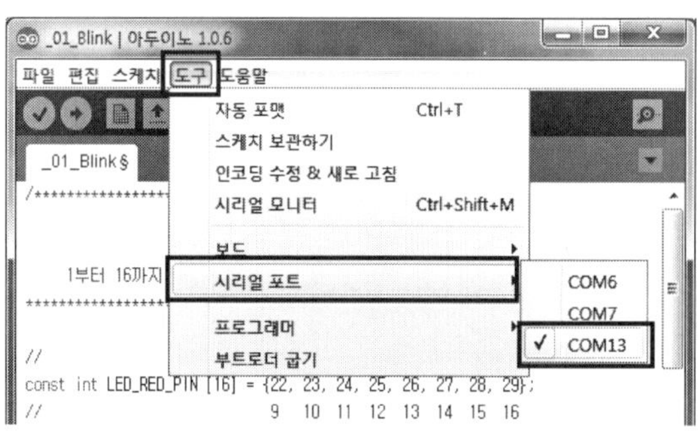

[그림 7-4] 컴포트 선택

④ 아두이노 프로그램에서 업로드( ) 아이콘을 클릭하여 아두이노에 업로드한다.

(2) 기능 테스트

STEP MOTOR가 시계방향으로 360도 회전하고 2초간 대기 후 시계 반대방향으로 360도 회전하고 2초간 대기하는 것을 확인할 수 있다.

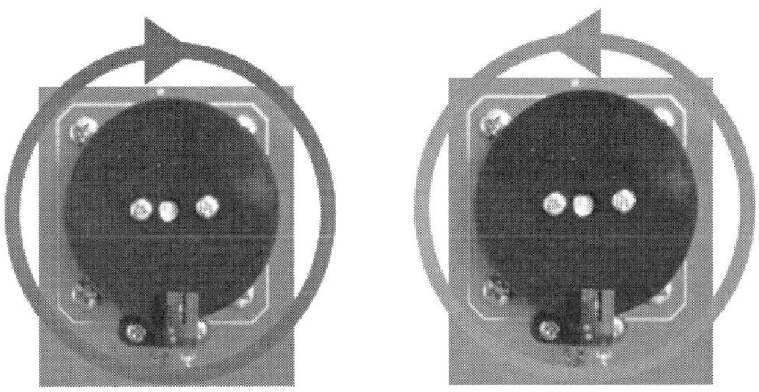

[그림 7-5] 실습 결과

1.3.2 체크리스트 작성

앞의 테스트 결과를 바탕으로 다음의 결과보고서를 작성한다.

<table>
<tr><td rowspan="3">K사</td><td colspan="4">테스트 결과보고서</td><td>프로젝트명</td><td>STEP MOTOR
회전 방향 제어</td></tr>
<tr><td>단 계</td><td>1차 테스트</td><td>버 전</td><td>1.0</td><td>작 성 일</td><td>2016/01/01</td></tr>
<tr><td>문서 번호</td><td colspan="3">K20160101-02</td><td>작 성 자</td><td>홍 길 동</td></tr>
</table>

<table>
<tr><td colspan="4">테스트 체크리스트</td></tr>
<tr><th>구분</th><th>세부 내용</th><th>결과</th><th>비고</th></tr>
<tr><td rowspan="3">펌웨어
설계</td><td>테스트 결과가 동작 시나리오와 일치하는가?</td><td></td><td></td></tr>
<tr><td>코드가 명세서에 요구하는 문제를 해결하고 있는가?</td><td></td><td></td></tr>
<tr><td>사용된 설계도가 올바르게 문제를 해결하는가?</td><td></td><td></td></tr>
<tr><td rowspan="4">펌웨어
구현</td><td>변수 이름은 의미있게 사용하였는가?</td><td></td><td></td></tr>
<tr><td>코드를 설명하는 주석문을 충분히 기록했는가?</td><td></td><td></td></tr>
<tr><td>에러가 발생하는가?</td><td></td><td></td></tr>
<tr><td>에러 메시지들은 의미가 있는가?</td><td></td><td></td></tr>
<tr><td rowspan="6">펌웨어
검증</td><td>STEP MOTOR를 정회전으로 360도 회전하는가?</td><td></td><td></td></tr>
<tr><td>STEP MOTOR를 역회전으로 360도 회전하는가?</td><td></td><td></td></tr>
<tr><td>Delay 함수에 입력된 숫자만큼 시간이 지연되는가?</td><td></td><td></td></tr>
<tr><td></td><td></td><td></td></tr>
<tr><td></td><td></td><td></td></tr>
<tr><td></td><td></td><td></td></tr>
<tr><td>의견</td><td colspan="3"></td></tr>
</table>

실습 7-2 STEP MOTOR 회전 속도 제어 펌웨어 개발

학습목표

- ▶ STEP MOTOR의 회전 속도를 제어할 수 있다.
- ▶ STEP MOTOR 제어 펌웨어 개발을 위하여 기능 명세서를 작성하고, 이를 바탕으로 펌웨어를 개발할 수 있다.

2.1 펌웨어 설계하기

2.1.1 하드웨어 컴포넌트 파악

'실습 7-1 STEP MOTOR 회전 방향 제어 펌웨어 개발'과 동일하므로 이를 참고한다.

2.1.2 펌웨어 기능 명세서 작성

(1) 동작 시나리오

STEP MOTOR가 연결된 핀을 출력으로 설정한다.

STEP MOTOR가 1~100 사이 회전 속도를 가속과 감속을 반복하면서 시계방향으로 회전한다.

(2) 기능 명세서

앞의 동작 시나리오로부터 다음의 기능 명세서를 작성한다.

<table>
<tr><td rowspan="3">K사</td><td colspan="4">펌웨어 개발 설계서</td><td>프로젝트명</td><td>STEP MOTOR
회전 속도 제어</td></tr>
<tr><td>문서 종류</td><td>기능 명세서</td><td>버 전</td><td>1.0</td><td>작 성 일</td><td>2016/01/01</td></tr>
<tr><td>문서 번호</td><td colspan="3">K20160101-03</td><td>작 성 자</td><td>홍 길 동</td></tr>
</table>

구 분	기능명	기능 설명	비고
의견			

2.1.3 펌웨어 설계

앞에서 작성한 동작 시나리오와 기능 명세서를 참고하여 펌웨어 설계도를 작성한다.

2.2 펌웨어 구현하기

2.2.1 개발환경 구축

'실습 7-1 STEP MOTOR 회전 방향 제어 펌웨어 개발'과 동일하므로 이를 참고한다.

2.2.2 라이브러리 구현

'실습 7-1 STEP MOTOR 회전 방향 제어 펌웨어 개발'과 동일하므로 이를 참고한다.

2.2.3 펌웨어 구현

STEP MOTOR가 가속과 감속을 반복하면서 시계방향으로 회전한다.

```
#include <Stepper.h>

const int _A_IN1 = 3;          ┐
const int  A_IN2 = 2;          │
const int  B_IN3 = 1;          │ ①
const int _B_IN4 = 0;          │
const int ENABLE_PIN = 5;      ┘

const int MOTOR_STEP = 200;
Stepper stepper(MOTOR_STEP, _B_IN4,B_IN3,A_IN2,_A_IN1);    ---------- ②

static int speedVal = 1;                                   ---------- ③

static int stepVal = 5;                                    ---------- ④

boolean speedFlag = 1;                                     ---------- ⑤

void setup()
{
        pinMode(ENABLE_PIN,OUTPUT);
        digitalWrite(ENABLE_PIN, HIGH);

        stepper.setSpeed(speedVal);
}

void loop()
{
        if(speedFlag)
        {
                "제어 동작 1"
        }
        "제어 동작 2"
}
```

(1) 각 코드에 주석을 작성한다.

⇒ ①:

②:

③:

④:

⑤:

(2) STEP MOTOR의 회전 속도가 가속하도록 '제어 동작 1'을 작성한다.

⇒ 제어 동작 1 :

(3) STEP MOTOR의 회전 속도가 감속하도록 '제어 동작 2'를 작성한다.

⇒ 제어 동작 2 :

2.3 펌웨어 검증하기

2.3.1 펌웨어 연동 및 테스트 기능

(1) 펌웨어 연동

'실습 7-1 STEP MOTOR 회전 방향 제어 펌웨어 개발'과 동일하므로 이를 참고한다.

(2) 기능 테스트

STEP MOTOR가 가속과 감속을 반복하면서 시계 방향으로 회전하는 것을 확인할 수 있다.

[그림 7-6] 실습 결과

2.3.2 체크리스트 작성

앞의 테스트 결과를 바탕으로 다음의 결과보고서를 작성한다.

<table>
<tr><td rowspan="3">K사</td><td colspan="4">테스트 결과보고서</td><td>프로젝트명</td><td>STEP MOTOR
회전 속도 제어</td></tr>
<tr><td>단 계</td><td>1차 테스트</td><td>버 전</td><td>1.0</td><td>작 성 일</td><td>2016/01/01</td></tr>
<tr><td>문서 번호</td><td colspan="3">K20160101-04</td><td>작 성 자</td><td>홍 길 동</td></tr>
</table>

<table>
<tr><td colspan="4">테스트 체크리스트</td></tr>
<tr><th>구분</th><th>세부 내용</th><th>결과</th><th>비고</th></tr>
<tr><td rowspan="3">펌웨어
설계</td><td>테스트 결과가 동작 시나리오와 일치하는가?</td><td></td><td></td></tr>
<tr><td>코드가 명세서에 요구하는 문제를 해결하고 있는가?</td><td></td><td></td></tr>
<tr><td>사용된 설계도가 올바르게 문제를 해결하는가?</td><td></td><td></td></tr>
<tr><td rowspan="4">펌웨어
구현</td><td>변수 이름은 의미있게 사용하였는가?</td><td></td><td></td></tr>
<tr><td>코드를 설명하는 주석문을 충분히 기록했는가?</td><td></td><td></td></tr>
<tr><td>에러가 발생하는가?</td><td></td><td></td></tr>
<tr><td>에러 메시지들은 의미가 있는가?</td><td></td><td></td></tr>
<tr><td rowspan="6">펌웨어
검증</td><td></td><td></td><td></td></tr>
<tr><td></td><td></td><td></td></tr>
<tr><td></td><td></td><td></td></tr>
<tr><td></td><td></td><td></td></tr>
<tr><td></td><td></td><td></td></tr>
<tr><td></td><td></td><td></td></tr>
<tr><td>의견</td><td colspan="3"></td></tr>
</table>

PART

08

〈NCS 학습모듈 기반〉 아두이노(Arduino)를 이용한 펌웨어 개발 실무

KEYPAD와 연동되는 STEP MOTOR 제어 펌웨어 개발

학습목표

▶ KEYPAD의 선택에 따라 STEP MOTOR의 회전 방향을 제어할 수 있다.

▶ KEYPAD의 선택에 따라 STEP MOTOR의 회전수를 제어할 수 있다.

▶ KEYPAD & STEP MOTOR 제어 펌웨어 개발을 위하여 기능 명세서를 작성하고, 이를 바탕으로 펌웨어를 개발할 수 있다.

PART 08

KEYPAD와 연동되는 STEP MOTOR 제어 펌웨어 개발

이번 장에서는 앞 장에서 학습한 KEYPAD와 STEP MOTOR를 응용하여 아두이노를 이용한 KEYPAD & STEP MOTOR를 제어한다. 또한 기능 명세서를 바탕으로 펌웨어 개발환경을 구축하고, KEYPAD & STEP MOTOR 제어에 적용할 펌웨어의 설계, 구현, 검증을 수행한다.

실습 8-1 KEYPAD와 연동되는 STEP MOTOR 회전 방향 제어 펌웨어 개발

학습목표

▶ KEYPAD의 선택에 따라 STEP MOTOR의 회전 방향을 제어할 수 있다.

▶ KEYPAD & STEP MOTOR 제어 펌웨어 개발을 위하여 기능 명세서를 작성하고, 이를 바탕으로 펌웨어를 개발할 수 있다.

1.1 펌웨어 설계하기

1.1.1 하드웨어 컴포넌트 파악

(1) KEYPAD 회로도

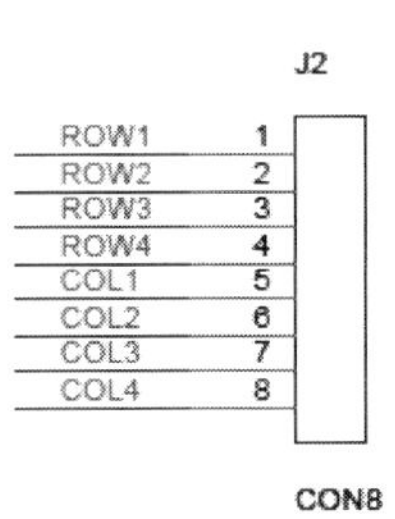

[그림 8-1] 컨넥터

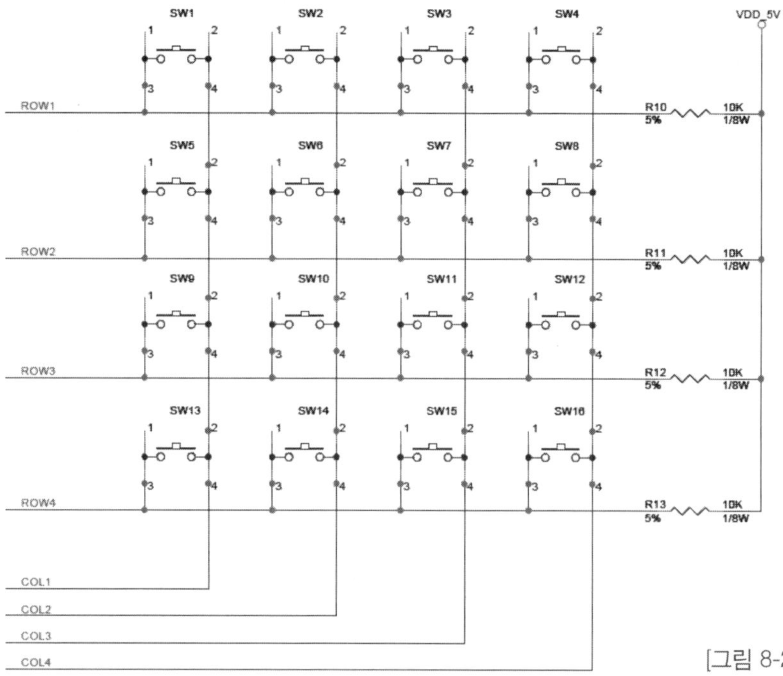

[그림 8-2] KEYPAD 회로도

(2) STEP MOTOR 회로도

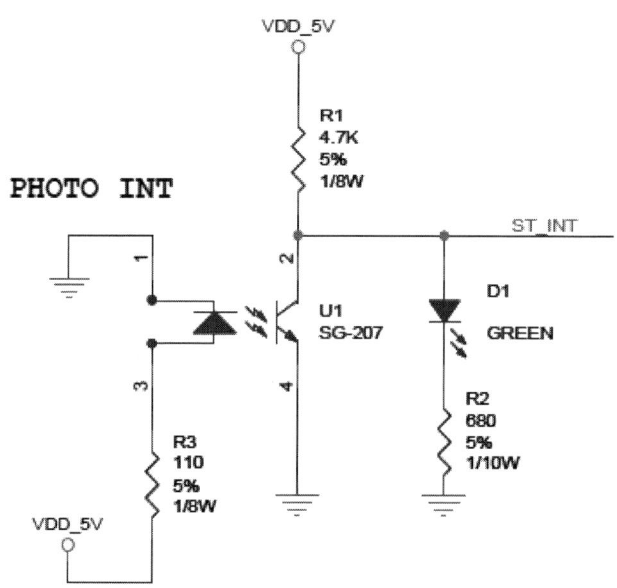

[그림 8-3] STEP MOTOR 회로도

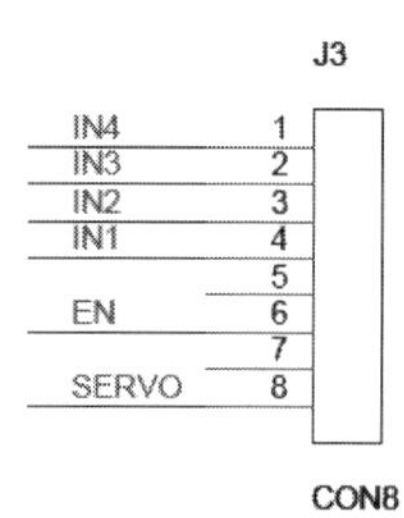

[그림 8-4] 컨넥터

1.1.2 펌웨어 기능 명세서 작성

(1)동작 시나리오

KEYPAD가 연결된 핀의 Col은 출력/Row는 입력으로 설정하고, STEP MOTOR가 연결된 핀을 출력으로 설정한다.

KEYPAD 1을 선택하면 STEP MOTOR가 정방향으로 360° 회전하고, KEYPAD 2를 선택하면 STEP MOTOR가 역방향으로 360° 회전한다. 그 외의 KEYPAD를 선택하면 동작하지 않도록 설정한다.

(2) 기능 명세서

위의 동작 시나리오로부터 기능 명세서를 작성하면 다음과 같다.

K사	펌웨어 개발 설계서				프로젝트명	KEYPAD & STEP MOTOR 회전 방향 제어
	문서 종류	기능 명세서	버 전	1.0	작 성 일	2016/01/01
	문서 번호	K20160101-01			작 성 자	홍 길 동

구 분	기능명	기능 설명	비고
KEYPAD & STEP MOTOR 제어	Read KEYPAD	KEYPAD가 선택되어지면 KEYPAD의 값을 읽어와 변수에 저장한다.	
	KEYPAD1	KEYPAD1을 선택하면 STEP MOTOR가 정방향으로 360도 회전한다.	
	KEYPAD2	KEYPAD2를 선택하면 STEP MOTOR가 역방향으로 360도 회전한다.	
	그 외	그 외의 KEYPAD을 선택하면 아무런 동작이 나타나지 않는다.	
의견			

1.1.3 펌웨어 설계

앞에서 작성한 동작 시나리오와 기능 명세서를 참고하여 펌웨어 설계도를 작성한다.

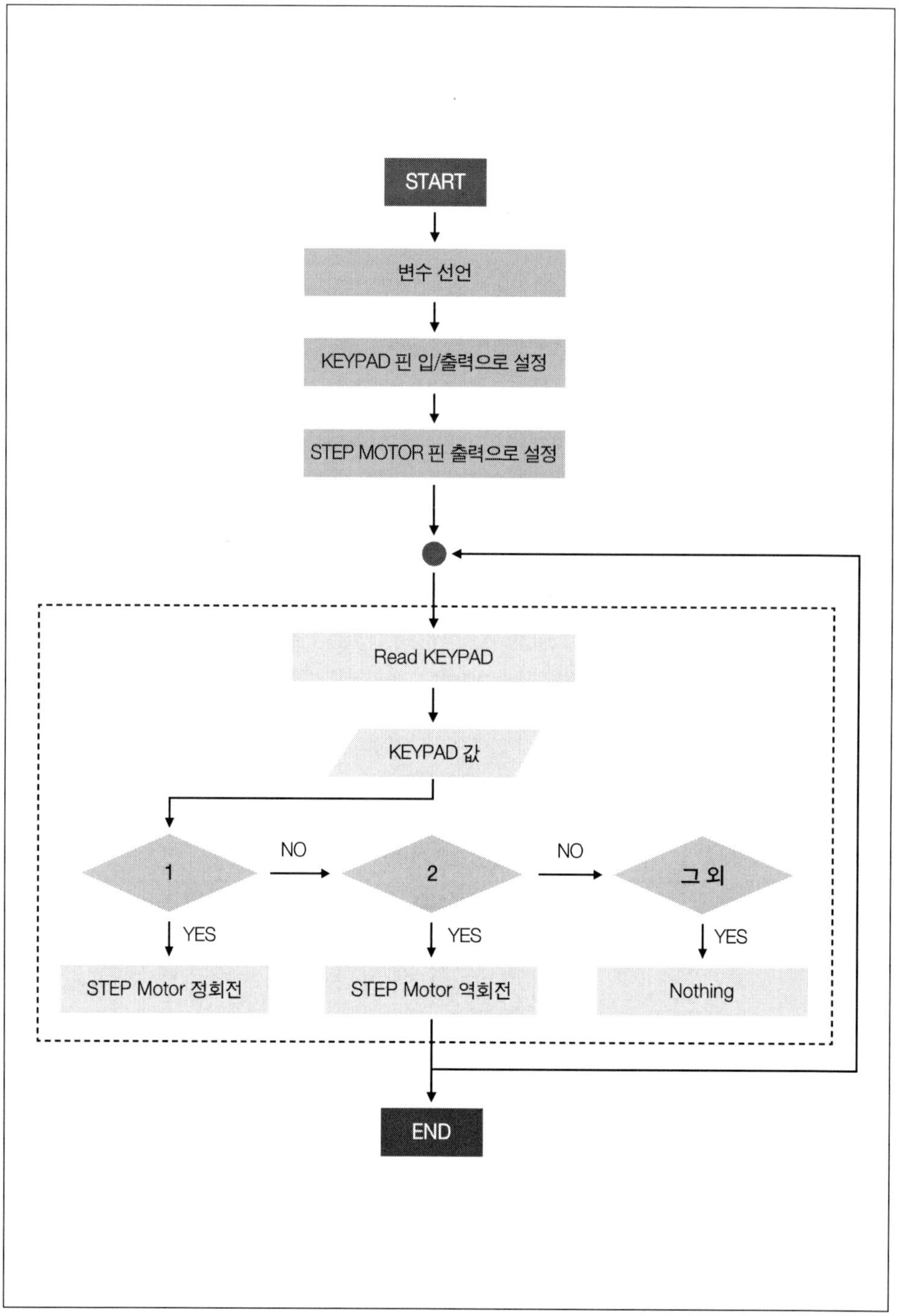

1.2 펌웨어 구현하기

1.2.1 개발환경 구축

(1) 실습 준비물

다음은 펌웨어 개발에 관련하여 필요한 준비물이다.

- ▶ 아두이노 스케치
- ▶ USB Cable
- ▶ 하드웨어(MCU, KEYPAD 모듈, STEP MOTOR 모듈)
- ▶ Connect Cable

(2) 결선 방법

펌웨어 개발을 위하여 다음과 같이 연결한다.

■ KEYPAD

KEYPAD	COL1	COL2	COL3	COL4
ARDUINO	A12	A13	A14	A15

KEYPAD	ROW1	ROW2	ROW3	ROW4
ARDUINO	A8	A9	A10	A11

■ STEP MOTOR

STEP	A' (IN-1)	A (IN-2)	B (IN-3)	B' (IN-4)
ARDUINO	3	2	1	0

STEP	EN
ARDUINO	5

1.2.2 라이브러리 구현

KEYPAD의 '실습 6-1 KEYPAD 상태 출력', STEP MOTOR의 '실습 7-1 STEP MOTOR 회전 방향 제어'와 동일하므로 이를 참고한다.

1.2.3 펌웨어 구현

Stepper 라이브러리를 사용하기 위해 "Stepper.h" 헤더 파일을 포함시킨다.

```
#include <Stepper.h>
```

STEP Motor 제어용 출력 핀을 아두이노 호환 핀에 연결한다. 또한 STEP Motor가 360° 회전하기 위해서 'MOTOR_STEP' 변수를 선언하고 값을 200으로 설정한다. 1스텝은 1.8° 이동한다.

```
const int _A_IN1 = 3;              // Motor Pin A'   Input 1 (Orange)
const int  A_IN2 = 2;              // Motor Pin A  Input 2 (Brown)
const int  B_IN3 = 1;              // Motor Pin B  Input 3 (RED)
const int _B_IN4 = 0;              // Motor Pin B'   Input 4 (YELLOW)
const int ENABLE_PIN = 5;          // 활성핀

const int MOTOR_STEP = 200;        // 360' / 1.8'(모터의 스텝각)
```

KEYPAD 제어용 출력 핀을 아두이노 호환 핀에 연결한다.

```
const int row_pin[] = {A8, A9, A10, A11};  // Row에(행) 대한 핀 값

const int col_pin[] = { A12, A13, A14, A15 };  // Column에(열) 대한 핀 값
```

Stepper 클래스 객체를 생성하고, STEP MOTOR의 속도 값을 설정하기 위하여 'speedVal' 변수를 선언하고 1~100 사이의 값을 입력한다.

```
Stepper stepper(MOTOR_STEP, _B_IN4,B_IN3,A_IN2,_A_IN1);

int speedVal = 100;                 // 스텝 모터의 속도 값
```

'setup()' 함수에서는 Enable 핀을 출력으로 설정하고 HIGH로 설정한다. 또한 'set Speed()' 함수를 사용하여 STEP MOTOR의 속도를 설정한다. KEYPAD를 사용하기 위하여 'init_keypad()' 함수로 KEYPAD를 초기화한다.

```
void setup()
{
        pinMode(ENABLE_PIN,OUTPUT);
        digitalWrite(ENABLE_PIN, HIGH);
        stepper.setSpeed(speedVal);
        init_keyapd();
}
```

'loop()' 함수에서는 현재 KEYPAD에서 선택된 버튼을 'getKeyNumber()' 함수로 찾아 'keyValue' 변수에 저장한다. 3~16번 버튼은 사용하지 않기 때문에 별도의 동작을 하지 않도록 'keyValue' 값을 0으로 설정한다.

```
void loop()
{
        int keyValue = getKeyNumber();
        if((keyValue >= 3) && (keyValue <= 16))
        {
                keyValue = 0;
        }
```

KEYPAD에서 버튼이 선택된 경우 각 버튼에 따라 동작을 switch문으로 정의한다.

1번 버튼을 선택하였을 경우, 스텝 값을 200으로 주어 STEP MOTOR를 시계방향으로 360° 회전시킨다. 2번 버튼을 선택하였을 경우, 스텝 값을 -200으로 주어 STEP MOTOR를 반시계방향으로 360° 회전시킨다.

```
    if(keyValue != 0)
    {
        switch(keyValue)
        {
            case 1 :            // 1번 버튼 : 스텝 모터 시계방향으로 1바퀴 회전
                stepper.step(200);
                break;

            case 2 :            // 2번 버튼 : 스텝 모터 반시계방향으로 1바퀴 회전
                stepper.step(-200);
                break;
        }
    }
}
```

1.3 펌웨어 검증하기

1.3.1 펌웨어 연동 및 테스트 기능

(1) 펌웨어 연동

① 아두이노 프로그램에서 확인( ) 아이콘을 클릭하여 컴파일이 수행되는 것이 하단의 Build 창에 보이는 것을 확인할 수 있다.

② 장비와 같이 제공되는 USB Cable을 이용하여 아두이노에 다운로드한다. 아래와 같이 장비와 USB Cable을 연결한다.

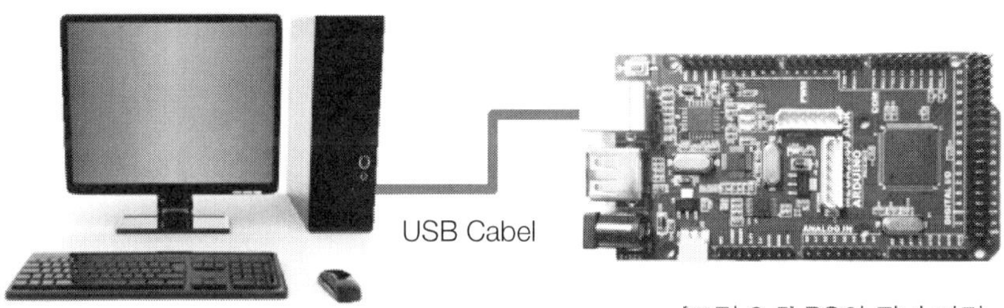

[그림 8-5] PC와 장비 연결

③ '도구 → 시리얼 포트'를 선택하여 컴퓨터와 연결된 COM 포트를 선택한다.

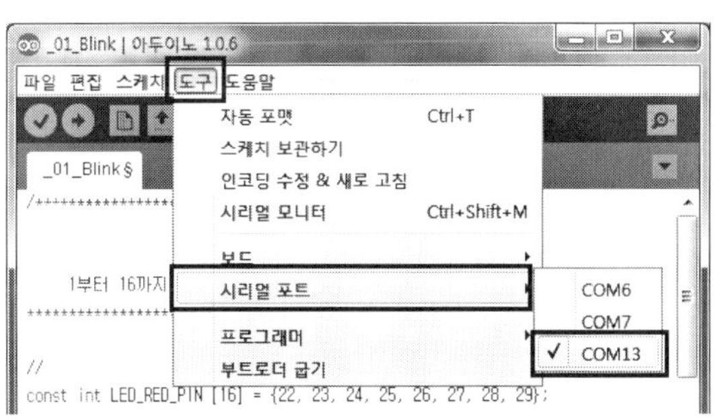

[그림 8-6] 컴포트 선택

④ 아두이노 프로그램에서 업로드( ) 아이콘을 클릭하여 아두이노에 업로드한다.

(2) 기능 테스트

KEYPAD 1을 선택하면 정방향으로 360°를 회전하고, KEYPAD 2를 선택하면 역방향으로 360°를 회전하는 것을 확인할 수 있다.

[그림 8-7] 실습 결과

1.3.2 체크리스트 작성

앞의 테스트 결과를 바탕으로 다음의 결과보고서를 작성한다.

<table>
<tr><td rowspan="3">K사</td><td colspan="4">테스트 결과보고서</td><td>프로젝트명</td><td>KEYPAD & STEP MOTOR 회전 방향 제어</td></tr>
<tr><td>단 계</td><td>1차 테스트</td><td>버 전</td><td>1.0</td><td>작 성 일</td><td>2016/01/01</td></tr>
<tr><td>문서 번호</td><td colspan="3">K20160101-02</td><td>작 성 자</td><td>홍 길 동</td></tr>
</table>

<table>
<tr><td colspan="4">테스트 체크리스트</td></tr>
<tr><th>구분</th><th>세부 내용</th><th>결과</th><th>비고</th></tr>
<tr><td rowspan="3">펌웨어 설계</td><td>테스트 결과가 동작 시나리오와 일치하는가?</td><td></td><td></td></tr>
<tr><td>코드가 명세서에 요구하는 문제를 해결하고 있는가?</td><td></td><td></td></tr>
<tr><td>사용된 설계도가 올바르게 문제를 해결하는가?</td><td></td><td></td></tr>
<tr><td rowspan="4">펌웨어 구현</td><td>변수 이름은 의미있게 사용하였는가?</td><td></td><td></td></tr>
<tr><td>코드를 설명하는 주석문을 충분히 기록했는가?</td><td></td><td></td></tr>
<tr><td>에러가 발생하는가?</td><td></td><td></td></tr>
<tr><td>에러 메시지들은 의미가 있는가?</td><td></td><td></td></tr>
<tr><td rowspan="6">펌웨어 검증</td><td>KEYPAD의 값을 각각 읽어오는가?</td><td></td><td></td></tr>
<tr><td>KEYPAD1을 선택하면 STEP MOTOR가 정방향으로 360도 회전하는가?</td><td></td><td></td></tr>
<tr><td>KEYPAD2를 선택하면 STEP MOTOR가 역방향으로 360도 회전하는가?</td><td></td><td></td></tr>
<tr><td>그 외의 KEYPAD를 선택하면 아무 동작이 발생하지 않는가?</td><td></td><td></td></tr>
<tr><td></td><td></td><td></td></tr>
<tr><td></td><td></td><td></td></tr>
<tr><td>의견</td><td colspan="3"></td></tr>
</table>

실습 8-2 KEYPAD와 연동되는 STEP MOTOR 회전 수 제어 펌웨어 개발

학습목표

▶ KEYPAD의 선택에 따라 STEP MOTOR의 회전수를 제어할 수 있다.

▶ KEYPAD & STEP MOTOR 컨트롤 펌웨어 개발을 위하여 기능 명세서를 작성하고, 이를 바탕으로 펌웨어를 개발할 수 있다.

2.1 펌웨어 설계하기

2.1.1 하드웨어 컴포넌트 파악

'실습 8-1 KEYPAD와 연동되는 STEP MOTOR 회전 방향 제어 펌웨어 개발'과 동일하므로 이를 참고한다.

2.1.2 펌웨어 기능 명세서 작성

(1) 동작 시나리오

KEYPAD가 연결된 핀의 Col은 출력/Row는 입력으로 설정하고, STEP MOTOR가 연결된 핀을 출력으로 설정한다.

KEYPAD 1을 선택하면 STEP MOTOR의 회전수가 1회 증가하고, KEYPAD 2를 선택하면 STEP MOTOR의 회전수가 1회 감소한다. 그 외의 KEYPAD을 선택하면 동작하지 않도록 설정한다.

(2) 기능 명세서

앞의 동작 시나리오로부터 다음의 기능 명세서를 작성한다.

<table>
<tr><td rowspan="3">K사</td><td colspan="4">펌웨어 개발 설계서</td><td>프로젝트명</td><td>KEYPAD & STEP MOTOR 회전수 제어</td></tr>
<tr><td>문서 종류</td><td>기능 명세서</td><td>버 전</td><td>1.0</td><td>작 성 일</td><td>2016/01/01</td></tr>
<tr><td>문서 번호</td><td colspan="3">K20160101-03</td><td>작 성 자</td><td>홍 길 동</td></tr>
</table>

구 분	기능명	기능 설명	비고
의견			

2.1.3 펌웨어 설계

앞에서 작성한 동작 시나리오와 기능 명세서를 참고하여 펌웨어 설계도를 작성한다.

2.2 펌웨어 구현하기

2.2.1 개발환경 구축

'실습 8-1 KEYPAD와 연동되는 STEP MOTOR 회전 방향 제어 펌웨어 개발'과 동일하므로 이를 참고한다.

2.2.2 라이브러리 구현

'실습 8-1 KEYPAD와 연동되는 STEP MOTOR 회전 방향 제어 펌웨어 개발'과 동일하므로 이를 참고한다.

2.2.3 펌웨어 구현

'getKeyNumber()' 함수를 사용하여 KEYPAD의 선택된 값을 읽어와 'keyValue' 변수에 저장한다. 선택된 KEYPAD 값에 따라 STEP MOTOR의 회전수를 변경한다.

```
#include <Stepper.h>        // 스테퍼 모터 라이브러리 선언
const int _A_IN1 = 3;
const int  A_IN2 = 2;
const int  B_IN3 = 1;                                              ①
const int _B_IN4 = 0;
const int ENABLE_PIN = 5;

const int MOTOR_STEP = 200;  // 360' / 1.8'(모터의 스텝각)

const int row_pin[] = { A8,  A9,  A10, A11 };
const int col_pin[] = { A12, A13, A14, A15 };

Stepper stepper(MOTOR_STEP, _B_IN4,B_IN3,A_IN2,_A_IN1);      ---------- ②

int speedVal = 100;                                          ---------- ③
int stepVal = 200;                                           ---------- ④

void setup()
{
        pinMode(ENABLE_PIN,OUTPUT);
        digitalWrite(ENABLE_PIN, HIGH);

        stepper.setSpeed(speedVal);                          ---------- ⑤

        init_keyapd();
}

void loop()
{
        int keyValue = getKeyNumber();
        "제어 동작"
}
```

(1) 각 코드에 주석을 작성한다.

⇒ ①:

②:

③:

④:

⑤:

(2) KEYPAD를 선택하면 다음과 같이 STEP MOTOR가 동작하도록 '제어 동작'을 작성한다.

▶ KEYPAD 1 → 회전수 1증가

▶ KEYPAD 2 → 회전수 1감소

▶ 그 외 → 동작 없음

⇒ 제어 동작 :

2.3 펌웨어 검증하기

2.3.1 펌웨어 연동 및 테스트 기능

(1) 펌웨어 연동

'실습 8-1 KEYPAD와 연동되는 STEP MOTOR 회전 방향 제어 펌웨어 개발'과 동일하므로 이를 참고한다.

(2) 기능 테스트

KEYPAD를 선택하였을 때, STEP MOTOR의 회전수가 다음과 같이 제어되는 것을 확인할 수 있다.

① KEYPAD 1을 선택하면 회전 수 1회 증가

② KEYPAD 2를 선택하면 회전 수 1회 감소

[그림 8-8] 실습 결과

2.3.2 체크리스트 작성

앞의 테스트 결과를 바탕으로 다음의 결과보고서를 작성한다.

<table>
<tr><td rowspan="3">K사</td><td colspan="4">테스트 결과보고서</td><td>프로젝트명</td><td>KEYPAD & STEP MOTOR 회전수 제어</td></tr>
<tr><td>단 계</td><td>1차 테스트</td><td>버 전</td><td>1.0</td><td>작 성 일</td><td>2016/01/01</td></tr>
<tr><td>문서 번호</td><td colspan="3">K20160101-04</td><td>작 성 자</td><td>홍 길 동</td></tr>
</table>

<table>
<tr><td colspan="4">테스트 체크리스트</td></tr>
<tr><th>구분</th><th>세부 내용</th><th>결과</th><th>비고</th></tr>
<tr><td rowspan="3">펌웨어 설계</td><td>테스트 결과가 동작 시나리오와 일치하는가?</td><td></td><td></td></tr>
<tr><td>코드가 명세서에 요구하는 문제를 해결하고 있는가?</td><td></td><td></td></tr>
<tr><td>사용된 설계도가 올바르게 문제를 해결하는가?</td><td></td><td></td></tr>
<tr><td rowspan="4">펌웨어 구현</td><td>변수 이름은 의미있게 사용하였는가?</td><td></td><td></td></tr>
<tr><td>코드를 설명하는 주석문을 충분히 기록했는가?</td><td></td><td></td></tr>
<tr><td>에러가 발생하는가?</td><td></td><td></td></tr>
<tr><td>에러 메시지들은 의미가 있는가?</td><td></td><td></td></tr>
<tr><td rowspan="6">펌웨어 검증</td><td></td><td></td><td></td></tr>
<tr><td></td><td></td><td></td></tr>
<tr><td></td><td></td><td></td></tr>
<tr><td></td><td></td><td></td></tr>
<tr><td></td><td></td><td></td></tr>
<tr><td></td><td></td><td></td></tr>
<tr><td>의견</td><td colspan="3"></td></tr>
</table>

PART

09

〈NCS 학습모듈 기반〉 아두이노(Arduino)를 이용한 펌웨어 개발 실무

CDS SENSOR 모니터링 펌웨어 개발

학습목표

- ▶ CDS SENSOR의 값을 TEXT LCD에 출력할 수 있다.
- ▶ CDS SENSOR를 이용하여 디지털 미터기를 만들 수 있다.
- ▶ CDS SENSOR 모니터링 펌웨어 개발을 위하여 기능 명세서를 작성하고, 이를 바탕으로 펌웨어를 개발할 수 있다.

PART 09

CDS SENSOR 모니터링 펌웨어 개발

이번 장에서는 CDS SENSOR의 구조와 동작 방법을 이해하고, 아두이노를 이용하여 CDS SENSOR 값을 모니터링한다. 또한 기능 명세서를 바탕으로 펌웨어 개발환경을 구축하고, CDS SENSOR 모니터링에 적용할 펌웨어의 설계, 구현, 검증을 수행한다.

실습 9-1 CDS SENSOR 값을 TEXT LCD에 출력하는 펌웨어 개발

학습목표

- ▶ CDS SENSOR의 값을 TEXT LCD에 출력할 수 있다.
- ▶ CDS SENSOR 모니터링 펌웨어 개발을 위하여 기능 명세서를 작성하고, 이를 바탕으로 펌웨어를 개발할 수 있다.

1.1 펌웨어 설계하기

1.1.1 하드웨어 컴포넌트 파악

(1) CDS SENSOR 구조

광도전 효과형 광센서는 반도체에 빛이 닿으면 전자와 정공이 증가하고 조사된 빛에너지에 비례하여 전류가 증가하는 원리를 이용한 것이다.

CDS는 극성 없이 교류회로에 사용 가능하며 제작은 세라믹 기판에 CDS분말을 소결하여 제작한다. CDS는 광도전체를 좌우 전극으로 둘러싸서 저항체를 구성하고 CDS의 황화카드뮴이 광도전체 역할을 하게 되며 빛에너지가 입사하게 되면 내부적으로 광도전 효과가 발생하고 두 전극 사이에 내부 저항이 작아지게 된다.

[그림 9-1] CDS 센서

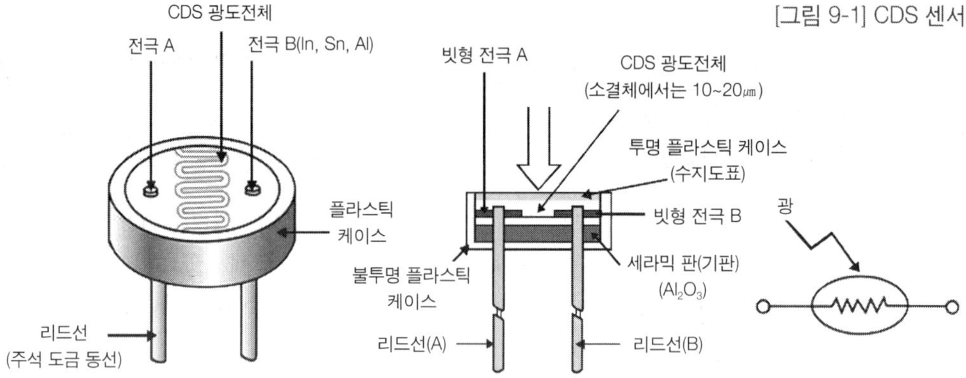

(2) CDS 센서의 특징

- ▶ 소형
- ▶ 각격이 저렴
- ▶ 무극성(ohm 구조) 소자이므로 회구구성이 매우 간단
- ▶ 응답 특성이 낮으므로 고속 광스위칭에서는 적합하지 않음

(3) CDS 센서의 용도

- ▶ 카메라의 노출계
- ▶ 조명의 자동 점멸 장치
- ▶ TV 수상기의 자동 휘도 조정 장치
- ▶ 광스위치

[참고자료] 광센서 (http://zelkun.tistory.com/49)

(4) CDS SENSOR 회로도

←[그림 9-2] CDS SENSOR 회로도

↓[그림 9-3] SHIELD 컨넥터

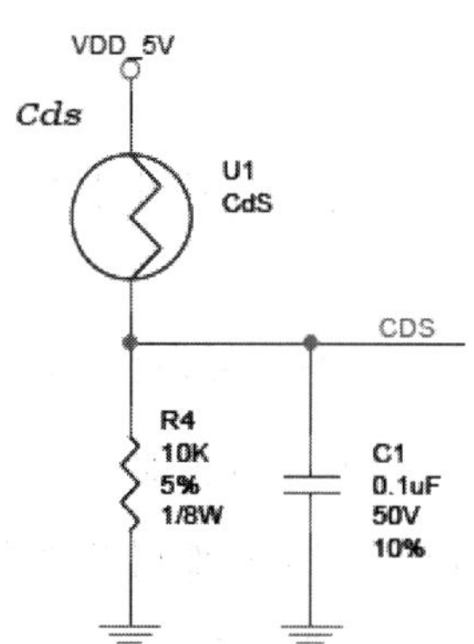

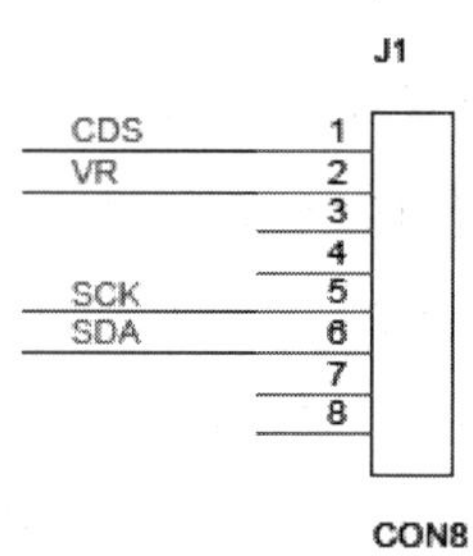

1.1.2 펌웨어 기능 명세서 작성

(1) 동작 시나리오

TEXT LCD가 연결된 핀을 출력으로 설정하고, 화면을 지우는 등 TEXT LCD를 초기화한다.

CDS SENSOR의 데이터 값을 읽어와 변수에 저장하고 TEXT LCD를 초기화 후 첫 번째 줄에 제목을 출력한다. CDS SENSOR의 값을 TEXT LCD 두 번째 줄에 출력한다.

(2) 기능 명세서

위의 동작 시나리오로부터 기능 명세서를 작성하면 다음과 같다.

<table>
<tr><td rowspan="3">K사</td><td colspan="4">펌웨어 개발 설계서</td><td>프로젝트명</td><td>CDS SENSOR 값
TEXT LCD 출력</td></tr>
<tr><td>문서 종류</td><td>기능 명세서</td><td>버 전</td><td>1.0</td><td>작 성 일</td><td>2016/01/01</td></tr>
<tr><td>문서 번호</td><td colspan="3">K20160101-01</td><td>작 성 자</td><td>홍 길 동</td></tr>
</table>

구 분	기능명	기능 설명	비고
CDS SENSOR 제어	Read Sensor	CDS SENSOR 값을 읽어온다.	
	제목 출력	TEXT LCD 첫 번째 줄에 제목을 출력한다.	
	CDS 값 출력	TEXT LCD 두 번째 줄에 CDS 센서 값을 출력한다.	
의견			

1.1.3 펌웨어 설계

앞에서 작성한 동작 시나리오와 기능 명세서를 참고하여 펌웨어 설계도를 작성한다.

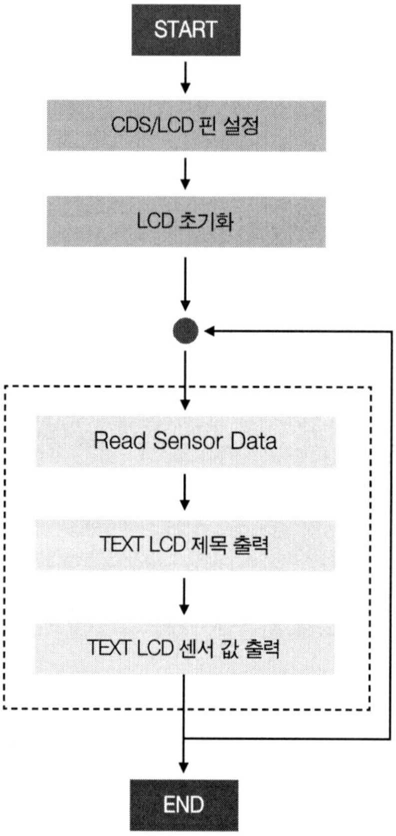

1.2 펌웨어 구현하기

1.2.1 개발환경 구축

(1)실습 준비물

다음은 펌웨어 개발에 관련하여 필요한 준비물이다.

- ▶ 아두이노 스케치
- ▶ USB Cable
- ▶ 하드웨어(MCU, CDS SENSOR 모듈, TEXT LCD 모듈)
- ▶ Connect Cable

(2) 결선 방법

펌웨어 개발을 위하여 다음과 같이 연결한다.

■ CDS SENSOR

	CDS
ARDUINO	A8

■ LCD

LCD	RS	RW	EN
ARDUINO	41	40	39

LCD	D4	D5	D6	D7
ARDUINO	45	44	43	42

1.2.2 라이브러리 구현

별도의 라이브러리가 없으므로 생략한다.

1.2.3 펌웨어 구현

LCD 사용을 위한 라이브러리를 선언하고, LCD 제어용 출력 핀과 CDS 제어용 출력 핀을 아두이노 호환 핀에 연결한다.

```
#include <LiquidCrystal.h>                    // LCD 라이브러리 선언 (기본 라이브러리)

            // RS  E  D4  D5  D6  D7  (LCD의 핀 명칭)
LiquidCrystal lcd(41, 39, 45, 44, 43, 42);

const int cdsPin = A8;                        // CdS 센서 핀 값
```

'setup()' 함수에서는 LCD의 RW 핀을 출력으로 설정하고 초기화한다. 'clear()' 함수를 호출하여 LCD화면을 CLEAR시키고, 'begin()' 함수를 사용하여 16x2 LCD를 초기화 한다.

```
void setup()
{
        pinMode(40, OUTPUT);
        digitalWrite(40, LOW);

        lcd.clear();
        lcd.begin(16, 2);
}
```

'loop()' 함수에서는 CDS 핀 값을 아날로그 값으로 읽어 변수 'sensorValue'에 저장한다. LCD에 CDS 센서 값을 출력하기 위해 'setCursor()' 함수를 사용하여 LCD의 커서를 위치시키고, 'print()' 함수 인자 값에 LCD에 출력하고자 하는 메시지를 입력한다.

```
void loop()
{
        // CdS 핀 값을 아날로그 값으로 읽어 변수 sensorValue에 저장한다.
        int sensorValue = analogRead(cdsPin);

        lcd.setCursor(2, 0);
        lcd.print( "CdS Value" );

        lcd.setCursor(4, 1);
        lcd.print( "[ " );
        lcd.print(sensorValue);                 // 현재 CDS 값을 출력한다.
        lcd.print( " ]" );
        delay(200);
}
```

1.3 펌웨어 검증하기

1.3.1 펌웨어 연동 및 테스트 기능

(1) 펌웨어 연동

① 아두이노 프로그램에서 확인( ) 아이콘을 클릭하여 컴파일이 수행되는 것이 하단의 Build 창에 보이는 것을 확인할 수 있다.

② 장비와 같이 제공되는 USB Cable을 이용하여 아두이노에 다운로드한다. 아래와 같이 장비와 USB Cable을 연결한다.

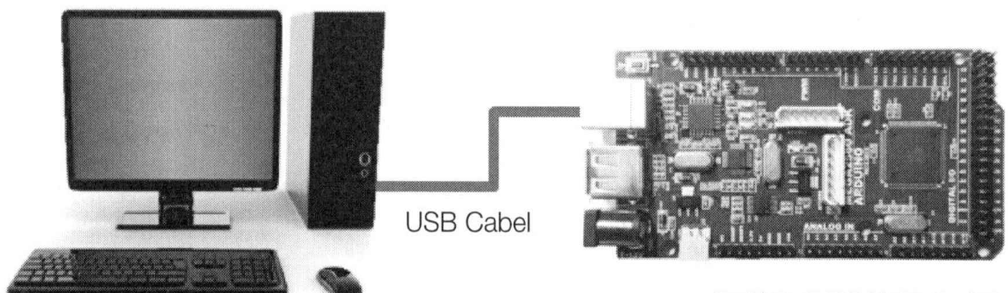

[그림 9-4] PC와 장비 연결

③ '도구 → 시리얼 포트'를 선택하여 컴퓨터와 연결된 COM 포트를 선택한다.

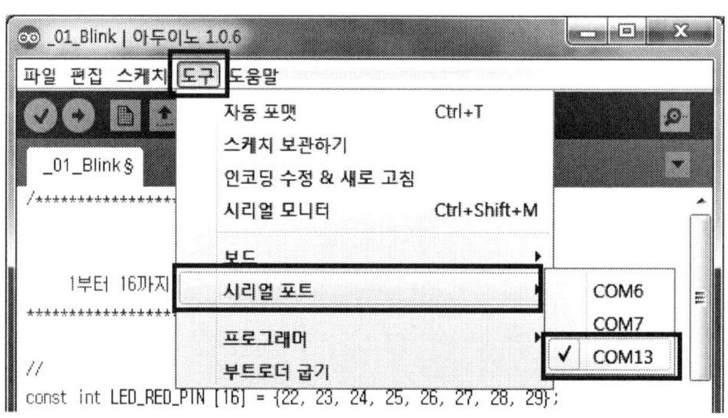

[그림 9-5] 컴포트 선택

④ 아두이노 프로그램에서 업로드( ) 아이콘을 클릭하여 아두이노에 업로드한다.

(2) 기능 테스트

CDS SENSOR의 값을 TEXT LCD에 출력한다.

[그림 9-6] 실습 결과

1.3.2 체크리스트 작성

앞의 테스트 결과를 바탕으로 다음의 결과보고서를 작성한다.

K사	테스트 결과보고서				프로젝트명	CDS SENSOR 값 TEXT LCD 출력
	단 계	1차 테스트	버 전	1.0	작 성 일	2016/01/01
	문서 번호	K20160101-02			작 성 자	홍 길 동

테스트 체크리스트			
구분	세부 내용	결과	비고
펌웨어 설계	테스트 결과가 동작 시나리오와 일치하는가?		
	코드가 명세서에 요구하는 문제를 해결하고 있는가?		
	사용된 설계도가 올바르게 문제를 해결하는가?		
펌웨어 구현	변수 이름은 의미있게 사용하였는가?		
	코드를 설명하는 주석문을 충분히 기록했는가?		
	에러가 발생하는가?		
	에러 메시지들은 의미가 있는가?		
펌웨어 검증	CDS SENSOR의 값을 읽어오는가?		
	TEXT LCD 첫 번째 줄에 제목을 출력하는가?		
	TEXT LCD 두 번째 줄에 CDS 센서 값을 출력하는가?		
의견			

➚ 실습 9-2 CDS Sensor를 이용한 디지털 미터기 펌웨어 개발

학습목표

- ▶ CDS SENSOR를 이용하여 디지털 미터기를 만들 수 있다.
- ▶ CDS SENSOR 제어 펌웨어 개발을 위하여 기능 명세서를 작성하고, 이를 바탕으로 펌웨어를 개발할 수 있다.

2.1 펌웨어 설계하기

2.1.1 하드웨어 컴포넌트 파악

'실습 9-1 CDS SENSOR 값을 TEXT LCD에 출력하는 펌웨어 개발'과 동일하므로 이를 참고한다.

2.1.2 펌웨어 기능 명세서 작성

(1) 동작 시나리오

LED가 연결된 포트를 출력으로 설정한다.

CDS SENSOR의 데이터 값을 읽어와 변수에 저장한다. ADC 값을 최고 1000이라 두고 LED 8개에 표시하기 위해 8개로 나눈다. 센서 데이터의 범위를 찾아 미터기 값을 'meterGage' 변수에 저장하고, CDS 센서 값에 따라 LED의 양이 변경된다.

(2) 기능 명세서

앞의 동작 시나리오로부터 다음의 기능 명세서를 작성한다.

<table>
<tr><td rowspan="3">K사</td><td colspan="4">펌웨어 개발 설계서</td><td>프로젝트명</td><td>CDS 디지털 미터기 만들기</td></tr>
<tr><td>문서 종류</td><td>기능 명세서</td><td>버 전</td><td>1.0</td><td>작 성 일</td><td>2016/01/01</td></tr>
<tr><td>문서 번호</td><td colspan="3">K20160101-03</td><td>작 성 자</td><td>홍 길 동</td></tr>
</table>

구 분	기능명	기능 설명	비고
의견			

2.1.3 펌웨어 설계

앞에서 작성한 동작 시나리오와 기능 명세서를 참고하여 펌웨어 설계도를 작성한다.

2.2 펌웨어 구현하기

2.2.1 개발환경 구축

(1) 실습 준비물

다음은 펌웨어 개발에 관련하여 필요한 준비물이다.

- ▶ 아두이노 스케치
- ▶ USB Cable
- ▶ 하드웨어(MCU, CDS SENSOR 모듈, LED 모듈)
- ▶ Connect Cable

(2) 결선 방법

펌웨어 개발을 위하여 다음과 같이 연결한다.

■ CDS SENSOR

	CDS
ARDUINO	A8

■ LCD

LCD	RS	RW	EN
ARDUINO	41	40	39

LCD	D4	D5	D6	D7
ARDUINO	45	44	43	42

2.2.2 라이브러리 구현

'실습 9-1 CDS SENSOR 값을 TEXT LCD에 출력하는 펌웨어 개발'과 동일하므로 이를 참고한다.

2.2.3 펌웨어 구현

CDS SENSOR 값에 따라 LED ON의 개수가 변경된다.

```
byte meterGage = 0;                                      --------- ①
const int cdsPin = A8;                                   --------- ②

//                          1  2  3  4  5  6  7  8
const int LED_RED_PIN [8] = {22, 23, 24, 25, 26, 27, 28, 29};

void setup()
{
        for(int i = 0; i < 8; i++)                       --------- ③
        {
                pinMode( LED_RED_PIN[i], OUTPUT);

                digitalWrite(LED_RED_PIN[i], HIGH);
        }
}

void loop()
{
        int sensorValue = analogRead(cdsPin);            --------- ④

        for(int i = 0; i < 8; i++)
        {
                "제어 동작 1"
        }

        "제어 동작 2"

        delay(50);
}
```

(1) 각 코드에 주석을 작성한다.

⇒ ①:

②:

③:

④:

(2) LED를 모두 OFF 시키고, ADC 값을 최대 1,000으로 두었을 때 LED 8개에 출력하기 위해 값을 8로 나누고 그 값을 'meterGage' 변수에 저장하도록 '제어 동작 1'을 작성한다.

⇒ 제어 동작 1 :

(3) CDS 센서 값에 의해 정해진 'meterGage' 값에 따라 LED를 출력하도록 '제어 동작 2'를 작성한다.

⇒ 제어 동작 2 :

2.3 펌웨어 검증하기

2.3.1 펌웨어 연동 및 테스트 기능

(1) 펌웨어 연동

'실습 9-1 CDS SENSOR 값을 TEXT LCD에 출력하는 펌웨어 개발'과 동일하므로 이를 참고한다.

(2) 기능 테스트

CDS SENSOR 값에 따라 RED LED이 양이 변경되는 것을 확인할 수 있다.

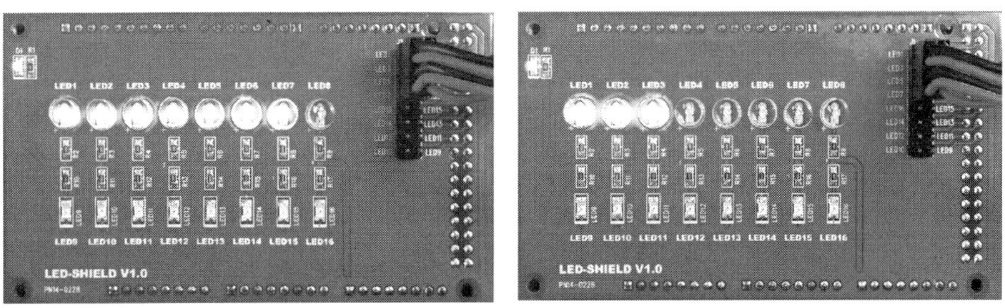

[그림 9-7] 실습 결과

2.3.2 체크리스트 작성

앞의 테스트 결과를 바탕으로 다음의 결과보고서를 작성한다.

<table>
<tr><td rowspan="3">K사</td><td colspan="4">테스트 결과보고서</td><td>프로젝트명</td><td>CDS 디지털
미터기 만들기</td></tr>
<tr><td>단 계</td><td>1차 테스트</td><td>버 전</td><td>1.0</td><td>작 성 일</td><td>2016/01/01</td></tr>
<tr><td>문서 번호</td><td colspan="3">K20160101-04</td><td>작 성 자</td><td>홍 길 동</td></tr>
</table>

<table>
<tr><td colspan="4">테스트 체크리스트</td></tr>
<tr><th>구분</th><th>세부 내용</th><th>결과</th><th>비고</th></tr>
<tr><td rowspan="3">펌웨어
설계</td><td>테스트 결과가 동작 시나리오와 일치하는가?</td><td></td><td></td></tr>
<tr><td>코드가 명세서에 요구하는 문제를 해결하고 있는가?</td><td></td><td></td></tr>
<tr><td>사용된 설계도가 올바르게 문제를 해결하는가?</td><td></td><td></td></tr>
<tr><td rowspan="4">펌웨어
구현</td><td>변수 이름은 의미있게 사용하였는가?</td><td></td><td></td></tr>
<tr><td>코드를 설명하는 주석문을 충분히 기록했는가?</td><td></td><td></td></tr>
<tr><td>에러가 발생하는가?</td><td></td><td></td></tr>
<tr><td>에러 메시지들은 의미가 있는가?</td><td></td><td></td></tr>
<tr><td rowspan="6">펌웨어
검증</td><td></td><td></td><td></td></tr>
<tr><td></td><td></td><td></td></tr>
<tr><td></td><td></td><td></td></tr>
<tr><td></td><td></td><td></td></tr>
<tr><td></td><td></td><td></td></tr>
<tr><td></td><td></td><td></td></tr>
<tr><td>의견</td><td colspan="3"></td></tr>
</table>

PART

10

〈NCS 학습모듈 기반〉 아두이노(Arduino)를 이용한 펌웨어 개발 실무

온/습도 센서 모니터링 펌웨어 개발 실습

학습목표

▶ 온/습도 센서의 값을 TEXT LCD에 출력할 수 있다.

▶ 온/습도 센서와 모터를 연동하여 온/습도 제어기를 구현할 수 있다.

▶ 온/습도 센서 모니터링 펌웨어 개발을 위하여 기능 명세서를 작성하고, 이를 바탕으로 펌웨어를 개발할 수 있다.

PART 10 온/습도 센서 모니터링 펌웨어 개발 실습

이번 장은 온/습도 센서의 구조와 동작 방법을 이해하고, 아두이노를 이용하여 온/습도 센서의 값을 모니터링 한다. 또한 기능 명세서를 바탕으로 펌웨어 개발 환경을 구축하고, 온/습도 센서 모니터링에 적용할 펌웨어의 설계, 구현, 검증을 수행한다.

실습 10-1 온/습도 센서 값을 TEXT LCD에 출력하는 펌웨어 개발

학습목표

- 온/습도 센서의 값을 TEXT LCD에 출력할 수 있다.
- 온/습도 센서 모니터링 펌웨어 개발을 위하여 기능 명세서를 작성하고, 이를 바탕으로 펌웨어를 개발할 수 있다.

1.1 펌웨어 설계하기

1.1.1 하드웨어 컴포넌트 파악

(1) 온/습도 센서 구조 및 동작 방법

온/습도 센서란 현재 공기 중의 온도와 습도를 측정하는 센서이다. 시중에 판매되고 있는 센서들은 온도 센서와 습도 센서가 각각 분리되어 있으나 SHT11은 온도 센서와 습도 센서가 일체형으로 되어 있으며, 디지털 출력형으로 정밀한 측정이 가능하다.

온도 값은 센서 내부에 보정된 값을 저장하고 있으며, 이를 통하여 온도 보정 값을 출력한다. 습도 값은 온도를 먼저 측정한 후 얻어진 습도 값에 상수 값과 온도 값의 계산을 통해 알 수 있다.

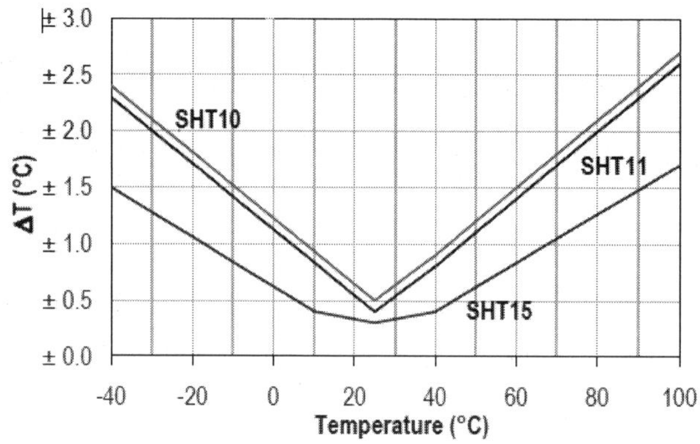

[그림 10-1] 온도 측정 범위

Pin	Name	Comment
1	GND	Ground
2	DATA	Serial Data, bidirectional
3	SCK	Serial Clock, input only
4	VDD	Source Voltage
NC	NC	Must be left unconnected

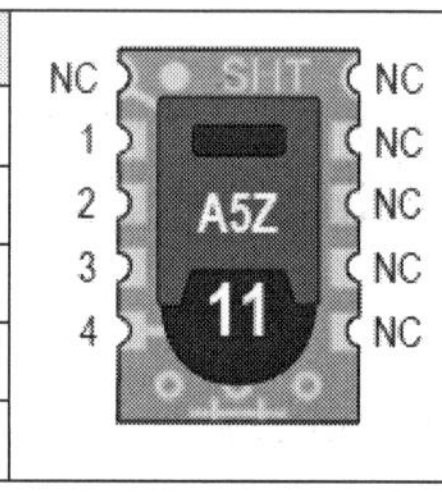

[그림 10-2] SHT11 PIN 기능

[참고자료] SENSIRION 온/습도 센서 SHT 시리즈 사용법(http://blog.naver.com/inliebe/110070541944)

(2) 온/습도 센서 회로도

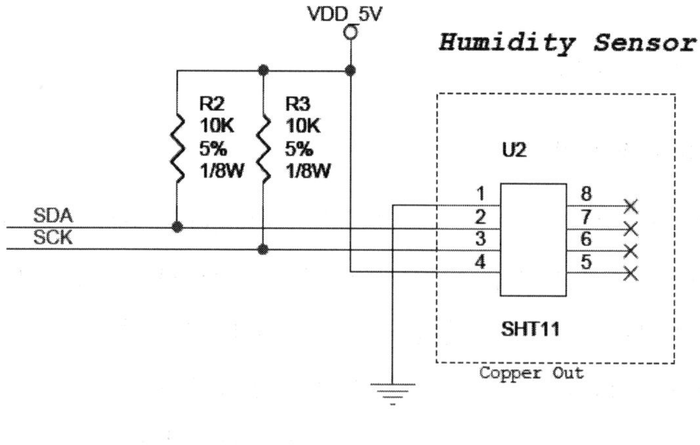

[그림 10-3] 온/습도 SENSOR 회로도

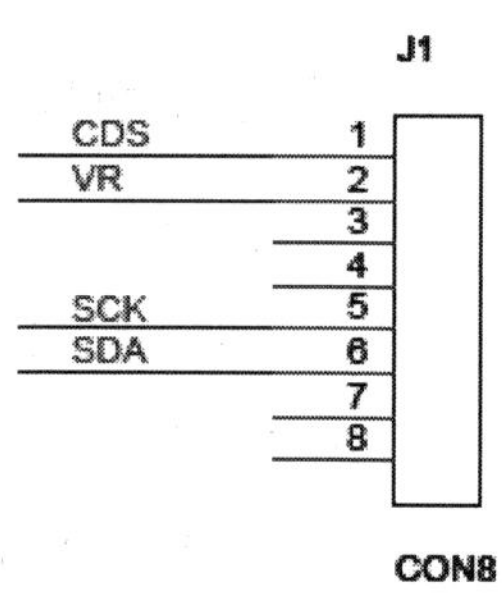

[그림 10-4] 컨넥터

1.1.2 펌웨어 기능 명세서 작성

(1) 동작 시나리오

TEXT LCD가 연결된 핀을 출력으로 설정하고, 화면을 지우는 등 TEXT LCD를 초기화한다.

온/습도 센서의 데이터 값을 읽어와 각각의 온/습도 변수에 저장하고 TEXT LCD 첫 번째 줄에 온도 센서 값을 출력한다. 그리고 습도 센서의 값을 TEXT LCD 두 번째 줄에 출력한다.

(2) 기능 명세서

위의 동작 시나리오로부터 기능 명세서를 작성하면 다음과 같다.

<table>
<tr><td rowspan="3">K사</td><td colspan="4">펌웨어 개발 설계서</td><td>프로젝트명</td><td>온/습도 SENSOR 값
TEXT LCD 출력</td></tr>
<tr><td>문서 종류</td><td>기능 명세서</td><td>버 전</td><td>1.0</td><td>작 성 일</td><td>2016/01/01</td></tr>
<tr><td>문서 번호</td><td colspan="3">K20160101-01</td><td>작 성 자</td><td>홍길동</td></tr>
</table>

구 분	기능명	기능 설명	비고
온/습도 센서 모니터링	Read Sensor	TEMP & HUMI SENSOR 값을 읽어온다.	
	TEMP 센서 값 출력	TEXT LCD 첫 번째 줄에 온도 센서 값을 출력한다.	
	HUMI 센서 값 출력	TEXT LCD 두 번째 줄에 습도 센서 값을 출력한다.	
의견			

1.1.3 펌웨어 설계

앞에서 작성한 동작 시나리오와 기능 명세서를 참고하여 펌웨어 설계도를 작성한다.

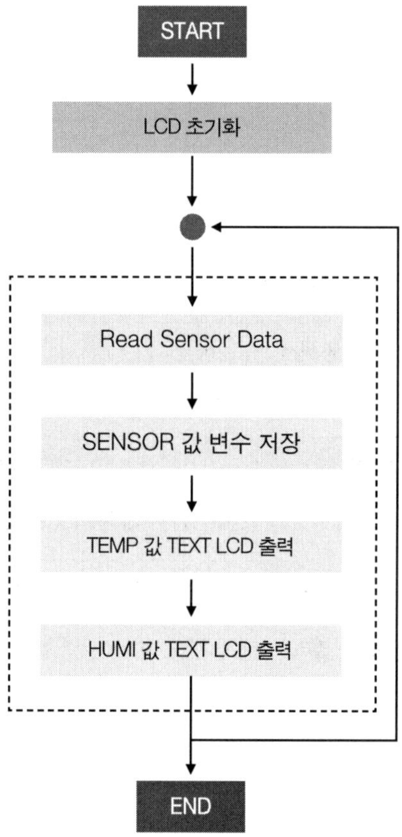

1.2 펌웨어 구현하기

1.2.1 개발환경 구축

(1)실습 준비물

다음은 펌웨어 개발에 관련하여 필요한 준비물이다.

- ▶ 아두이노 스케치
- ▶ USB Cable
- ▶ 하드웨어(MCU, TEMP & HUMI SENSOR 모듈, TEXT LCD 모듈)
- ▶ Connect Cable

(2) 결선 방법

펌웨어 개발을 위하여 다음과 같이 연결한다.

■ **TEMP/HUMI SENSOR**

TEMP/HUMI	SDA	SCK
ARDUINO	20	21

■ **LCD**

LCD	RS	RW	EN
ARDUINO	41	40	39

LCD	D4	D5	D6	D7
ARDUINO	45	44	43	42

1.2.2 라이브러리 구현

■ **getTemp()**

→ 기능 : 온도 센서의 값을 읽어 전역변수 'temp_c'에 저장한다.

■ **getHumi()**

→ 기능 : 습도 센서의 값을 읽어 전역변수 'humidity'에 저장한다.

1.2.3 펌웨어 구현

LCD 사용을 위한 라이브러리를 선언하고, LCD 제어용 출력 핀을 아두이노 호환 핀에 연결한다.

```
#include <LiquidCrystal.h>

          //        RS  E  D4  D5  D6  D7  LCD의 핀 명칭
LiquidCrystal lcd(41, 39, 45, 44, 43, 42); .
```

'setup()' 함수에서는 LCD의 RW 핀을 출력으로 설정하고 초기화한다. 라이브러리에 있는 'clear()' 함수를 호출하여 LCD화면을 CLEAR시키고, 'begin()' 함수를 사용하여 16x2 LCD를 초기화한다.

```
void setup()
{
        pinMode(40, OUTPUT);
        digitalWrite(40, LOW);

        lcd.clear();
        lcd.begin(16, 2);
}
```

'loop()' 함수에서는 'getTemp()' 함수를 사용하여 온도 값을 읽어와 'temperatureValue' 변수에 저장하고, 'getHumi()' 함수를 사용하여 습도 값을 읽어와 'humidityValue' 변수에 저장한다. 그리고 첫 번째 줄에는 온도 값을 출력하고, 두 번째 줄에는 습도 값을 출력한다.

```
void loop()
{
        int temperatureValue = getTemp();
        int humidityValue = getHumi();

        lcd.setCursor(2, 0);
        lcd.print("Temp : ");
        lcd.print(temperatureValue);
        lcd.print("C");

        lcd.setCursor(2, 1);
        lcd.print("Humi : ");
        lcd.print(humidityValue);
        lcd.print("%");

        delay(100);
}
```

1.3 펌웨어 검증하기

1.3.1 펌웨어 연동 및 테스트 기능

(1) 펌웨어 연동

① 아두이노 프로그램에서 확인( ) 아이콘을 클릭하여 컴파일이 수행되는 것이 하단의 Build 창에 보이는 것을 확인할 수 있다.

② 장비와 같이 제공되는 USB Cable을 이용하여 아두이노에 다운로드한다. 아래와 같이 장비와 USB Cable을 연결한다.

[그림 10-5] PC와 장비 연결

③ '도구 → 시리얼 포트'를 선택하여 컴퓨터와 연결된 COM 포트를 선택한다.

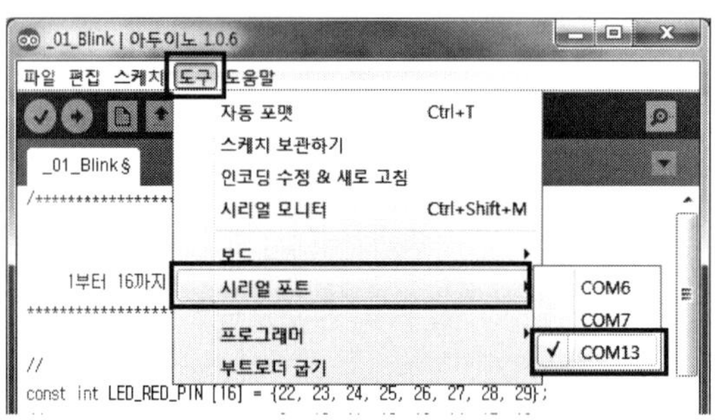

[그림 10-6] 컴포트 선택

④ 아두이노 프로그램에서 업로드( ) 아이콘을 클릭하여 아두이노에 업로드한다.

(2) 기능 테스트

온/습도 센서의 값이 TEXT LCD에 출력되는 것을 확인할 수 있다.

[그림 10-7] 실습 결과

1.3.2 체크리스트 작성

앞의 테스트 결과를 바탕으로 다음의 결과보고서를 작성한다.

<table>
<tr><td rowspan="3">K사</td><td colspan="4">테스트 결과보고서</td><td>프로젝트명</td><td>TEMP & HUMI SENSOR 값 TEXT LCD 출력</td></tr>
<tr><td>단 계</td><td>1차 테스트</td><td>버 전</td><td>1.0</td><td>작 성 일</td><td>2016/01/01</td></tr>
<tr><td>문서 번호</td><td colspan="3">K20160101-02</td><td>작 성 자</td><td>홍 길 동</td></tr>
</table>

<table>
<tr><td colspan="4">테스트 체크리스트</td></tr>
<tr><th>구분</th><th>세부 내용</th><th>결과</th><th>비고</th></tr>
<tr><td rowspan="3">펌웨어 설계</td><td>테스트 결과가 동작 시나리오와 일치하는가?</td><td></td><td></td></tr>
<tr><td>코드가 명세서에 요구하는 문제를 해결하고 있는가?</td><td></td><td></td></tr>
<tr><td>사용된 설계도가 올바르게 문제를 해결하는가?</td><td></td><td></td></tr>
<tr><td rowspan="4">펌웨어 구현</td><td>변수 이름은 의미있게 사용하였는가?</td><td></td><td></td></tr>
<tr><td>코드를 설명하는 주석문을 충분히 기록했는가?</td><td></td><td></td></tr>
<tr><td>에러가 발생하는가?</td><td></td><td></td></tr>
<tr><td>에러 메시지들은 의미가 있는가?</td><td></td><td></td></tr>
<tr><td rowspan="6">펌웨어 검증</td><td>TEMP & HUMI SENSOR의 값을 읽어오는가?</td><td></td><td></td></tr>
<tr><td>TEXT LCD 첫 번째 줄에 온도 센서 값을 출력하는가?</td><td></td><td></td></tr>
<tr><td>TEXT LCD 두 번째 줄에 습도 센서 값을 출력하는가?</td><td></td><td></td></tr>
<tr><td></td><td></td><td></td></tr>
<tr><td></td><td></td><td></td></tr>
<tr><td></td><td></td><td></td></tr>
<tr><td>의견</td><td colspan="3"></td></tr>
</table>

실습 10-2 온/습도 센서와 모터를 연동하여 온/습도 제어기 구현하기

학습목표

- 온/습도 센서와 모터를 연동하여 온/습도 제어기를 구현할 수 있다.
- 온/습도 제어기 구현을 위하여 기능 명세서를 작성하고, 이를 바탕으로 펌웨어를 개발할 수 있다.

2.1 펌웨어 설계하기

2.1.1 하드웨어 컴포넌트 파악

'실습 10-1 온/습도 센서 값을 TEXT LCD에 출력하는 펌웨어 개발'과 동일하므로 이를 참고한다.

2.1.2 펌웨어 기능 명세서 작성

(1) 동작 시나리오

온/습도 센서로 사용한 SHT11 센서를 초기화한다. 또한 TEXT LCD가 연결된 핀을 출력으로 설정하고, 화면을 지우는 등 TEXT LCD를 초기화한다.

온/습도 센서의 데이터 값을 읽어와 변수에 저장한다. 온도 센서(Temperature Sensor) 값이 30 이상이면, SERVO MOTOR 회전을 반복하고, 30 미만이면, SERVO MOTOR의 위치를 초기화한다. 습도 센서(Humidity Sensor) 값이 60 이상이면 STEP MOTOR를 360도 정회전을 반복한다.

(2) 기능 명세서

앞의 동작 시나리오로부터 다음의 기능 명세서를 작성한다.

<table>
<tr><td rowspan="3">K사</td><td colspan="4">펌웨어 개발 설계서</td><td>프로젝트명</td><td>온/습도 제어기</td></tr>
<tr><td>문서 종류</td><td>기능 명세서</td><td>버 전</td><td>1.0</td><td>작 성 일</td><td>2016/01/01</td></tr>
<tr><td>문서 번호</td><td colspan="3">K20160101-03</td><td>작 성 자</td><td>홍 길 동</td></tr>
</table>

구 분	기능명	기능 설명	비고
의견			

2.1.3 펌웨어 설계

앞에서 작성한 동작 시나리오와 기능 명세서를 참고하여 펌웨어 설계도를 작성한다.

2.2 펌웨어 구현하기

2.2.1 개발환경 구축

(1)실습 준비물

다음은 펌웨어 개발에 관련하여 필요한 준비물이다.

- ▶ 아두이노 스케치
- ▶ USB Cable
- ▶ 하드웨어(MCU, TEMP/HUMI SENSOR 모듈, STEP MOTOR 모듈, SERVO MOTOR 모듈, LCD 모듈)
- ▶ Connect Cable

(2) 결선 방법

펌웨어 개발을 위하여 다음과 같이 연결한다.

■ TEMP/HUMI SENSOR

TEMP/HUMI	SDA	SCK
ARDUINO	20	21

■ SERVO MOTOR

SERVO	SERVO
ARDUINO	7

■ STEP MOTOR

STEP	A' (IN-1)	A (IN-2)	B (IN-3)	B' (IN-4)
ARDUINO	3	2	1	0

STEP	EN
ARDUINO	5

■ LCD

LCD	RS	RW	EN
ARDUINO	41	40	39

LCD	D4	D5	D6	D7
ARDUINO	45	44	43	42

2.2.2 라이브러리 구현

'실습 10-1 온/습도 센서 값을 TEXT LCD에 출력하는 펌웨어 개발'과 동일하므로 이를 참고한다.

2.2.3 펌웨어 구현

TEMP SENSOR 값이 일정 값 이상일 경우 SERVO MOTOR를 동작시키고, HUMI SENSOR 값이 일정 값 이상일 경우 STEP MOTOR를 동작시킨다.

```
#include <Stepper.h>
#include <Servo.h>
#include <LiquidCrystal.h>                    // LCD 라이브러리
#include <SHT1x.h>                            // 온/습도 센서 라이브러리

//            RS  E  D4  D5  D6  D7 <-- 아두이노와 매칭 되는 LCD의 핀 명칭
LiquidCrystal lcd(41, 39, 45, 44, 43, 42);
const char RW_PIN = 40;

const int _A_IN1 = 3;                         // Motor Pin A' Input 1 (Orange)
const int  A_IN2 = 2;                         // Motor Pin A  Input 2 (Brown)
const int  B_IN3 = 1;                         // Motor Pin B  Input 3 (RED)
const int _B_IN4 = 0;                         // Motor Pin B' Input 4 (YELLOW)
const int ENABLE_PIN = 5;                     // 활성핀

const int MOTOR_STEP = 200;  // 360' / 1.8'(모터의 스텝각)

Servo servo;

Stepper stepper(MOTOR_STEP, _B_IN4,B_IN3,A_IN2,_A_IN1);

int pos = 0;                                  --------- ①
int speedVal = 100;                           --------- ②
```

```
void setup()
{
        pinMode(RW_PIN, OUTPUT);
        digitalWrite(RW_PIN, LOW);

        lcd.clear();
        lcd.begin(16, 2);

        servo.attach(7);

        pinMode(ENABLE_PIN,OUTPUT);
        digitalWrite(ENABLE_PIN, HIGH);

        stepper.setSpeed(speedVal);
}

void loop()
{
        int temperatureValue = getTemp();                    --------- ③
        int humidityValue = getHumi();                       --------- ④
        "제어 동작 1"
        "제어 동작 2"
        lcd.setCursor(2, 0);
        lcd.print("Temp : ");
        lcd.print(temperatureValue);
        lcd.print("C");

        lcd.setCursor(2, 1);
        lcd.print("Humi : ");
        lcd.print(humidityValue);
        lcd.print("%");
}
```

(1) 각 코드에 주석을 작성한다.

⇒ ①:

②:

③:

④:

(2) TEMP SENSOR의 값이 30 이상이면 SERVO MOTOR가 0~180도 사이에 반복 회전하고, 30 미만이면 SERVO MOTOR가 0도에 위치하도록 '제어 동작 1'을 작성한다.

⇒ 제어 동작 1 :

(3) HUMI SENSOR의 값이 60 이상이면 STEP MOTOR가 360도 정방향으로 반복 회전하도록 '제어 동작 2'를 작성한다.

⇒ 제어 동작 2 :

2.3 펌웨어 검증하기

2.3.1 펌웨어 연동 및 테스트 기능

(1) 펌웨어 연동

'실습 10-1 온/습도 센서 값을 TEXT LCD에 출력하는 펌웨어 개발'과 동일하므로 이를 참고한다.

(2) 기능 테스트

온도 센서의 값이 30°C 이상이면, SERVO MOTOR를 0~180° 반복 동작시키고, 습도 센서의 값이 60% 이상이면, STEP MOTOR를 360도 정방향으로 반복 동작시킨다.

2.3.2 체크리스트 작성

앞의 테스트 결과를 바탕으로 다음의 결과보고서를 작성한다.

<table>
<tr><td rowspan="3">K사</td><td colspan="4">테스트 결과보고서</td><td>프로젝트명</td><td>온/습도 제어기</td></tr>
<tr><td>단 계</td><td>1차 테스트</td><td>버 전</td><td>1.0</td><td>작 성 일</td><td>2016/01/01</td></tr>
<tr><td>문서 번호</td><td colspan="3">K20160101-04</td><td>작 성 자</td><td>홍 길 동</td></tr>
<tr><td colspan="7">테스트 체크리스트</td></tr>
</table>

구분	세부 내용	결과	비고
펌웨어 설계	테스트 결과가 동작 시나리오와 일치하는가?		
	코드가 명세서에 요구하는 문제를 해결하고 있는가?		
	사용된 설계도가 올바르게 문제를 해결하는가?		
펌웨어 구현	변수 이름은 의미있게 사용하였는가?		
	코드를 설명하는 주석문을 충분히 기록했는가?		
	에러가 발생하는가?		
	에러 메시지들은 의미가 있는가?		
펌웨어 검증			
의견			

PART

11

〈NCS 학습모듈 기반〉 아두이노(Arduino)를 이용한 펌웨어 개발 실무

Bluetooth 통신을 이용하는 펌웨어 개발

학습목표

▶ CDS SENSOR의 값을 안드로이드 기기에 출력할 수 있다.

▶ STEP MOTOR를 안드로이드 기기로 제어할 수 있다.

▶ 블루투스 통신기반 펌웨어 개발을 위하여 기능 명세서를 작성하고, 이를 바탕으로 펌웨어를 개발할 수 있다.

PART 11 Bluetooth 통신을 이용하는 펌웨어 개발

이번 장에서는 Bluetooth 통신을 이용하여 CDS 센서의 값을 읽어오거나 STEP MOTOR를 제어할 수 있는 펌웨어를 개발해 보도록 한다. 또한 기능 명세서를 바탕으로 펌웨어 개발환경을 구축하고, Bluetooth 통신에 적용할 펌웨어의 설계, 구현, 검증을 수행한다.

실습 11-1 Bluetooth 통신으로 CDS 센서를 모니터링하는 펌웨어 개발

학습목표

- ▶ CDS SENSOR의 값을 안드로이드 기기에 출력할 수 있다.
- ▶ 블루투스 통신기반 CDS SENSOR 값 모니터링 펌웨어 개발을 위하여 기능 명세서를 작성하고, 이를 바탕으로 펌웨어를 개발할 수 있다.

1.1 펌웨어 설계하기

1.1.1 하드웨어 컴포넌트 파악

(1) 블루투스

블루투스(Bluetooth)는 휴대전화, 노트북, 이어/헤드폰 등의 휴대기기를 서로 연결해 정보를 교환하는 근거리 무선 기술 표준을 뜻한다. 주로 10미터 안팎의 초단거리에서 저전력 무선 연결이 필요할 때 쓰인다. 예를 들어 블루투스 헤드셋을 사용하면 거추장스러운 케이블 없이도 주머니 속의 MP3 플레이어의 음악을 들을 수 있다. 블루투스 통신기술은 1994년 휴대전화 공급업체인 에릭슨(Ericsson)이 시작한 무선 기술 연구를 바탕으로, 1998년 에릭슨, 노키아, IBM, 도시바, 인텔 등으로 구성된 '블루투스

SIG(Special interest Group)'를 통해 본격적으로 개발됐다. 이후 블루투스 SIG 회원은 급속도로 늘어나 2010년 말 기준 전 세계 회원사가 13,000여 개에 이른다.

블루투스라는 이름은 10세기경 스칸디나비아 지역을 최초로 통일한 노르웨이의 초대 국왕 하랄(Harald) 1세의 별명에서 차용했다. 하랄 1세는 블루투스(Bluetooth, 푸른 이빨)라는 별명을 가지고 있었는데, 블루베리를 좋아해 항상 치아가 푸르게 물들어있었기 때문이라는 설도 있고, 파란색 의치를 해 넣었기 때문이라는 설도 있다. SIG는 자신들이 개발한 기술이 하랄 1세처럼 통신장치들을 하나의 무선 기술 규격으로 통일하기를 바라는 마음에서 공식 명칭을 블루투스로 정했다. 이에 따라 블루투스의 공식 로고도 하랄의 H와 블루투스의 B를 뜻하는 스칸디나비아 룬 문자에서 따왔다.

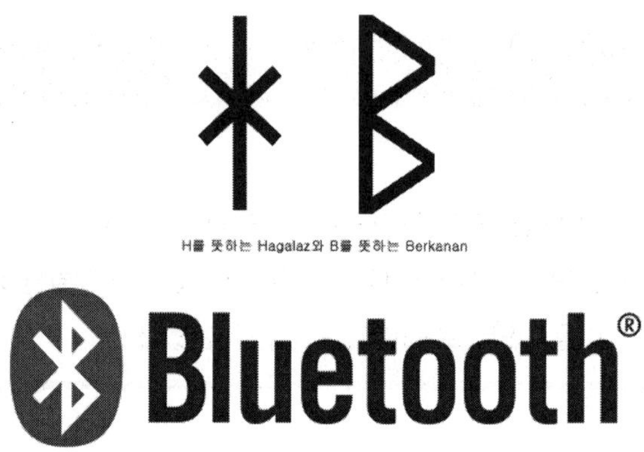

[그림 11-1] 블루투스 로고

(2) 블루투스의 원리

블루투스의 무선 시스템은 ISM(Industrial Scientific and Medical) 주파수 대역인 2400~2483.5MHz를 사용한다. 이 중 위 아래 주파수를 쓰는 다른 시스템들의 간섭을 막기 위해 2400MHz 이후 2MHz, 2483.5MHz 이전 3.5MHz까지의 범위를 제외한 2402~2480MHz, 총 79개 채널을 쓴다. ISM이란 산업, 과학, 의료용으로 할당된 주파수 대역으로, 전파 사용에 대해 허가를 받을 필요가 없어 저전력의 전파를 발산하는 개인 무선기기에 많이 쓰인다. 아마추어 무선, 무선LAN, 블루투스가 이 ISM 대역을 사용한다.

여러 시스템들과 같은 주파수 대역을 이용하기 때문에 시스템 간 전파 간섭이 생길 우려가 있는데, 이를 예방하기 위해 블루투스는 주파수 호핑(Frequency Hopping) 방식을 취한다. 주파수 호핑이란 많은 수의 채널을 특정 패턴에 따라 빠르게 이동하며 패킷(데이터)을 조금씩 전송하는 기법이다. 블루투스는 할당된 79개 채널을 1초당 1600번 호핑한다.

이 호핑 패턴이 블루투스 기기 간에 동기화되어야 통신이 이루어진다. 블루투스는 기기 간 마스터(Master)와 슬레이브(Slave) 구성으로 연결되는데, 마스터 기기가 생성하는 주파수 호핑에 슬레이브 기기를 동기화시키지 못하면 두 기기 간 통신이 이루어지지 않는다. 이로 인해 다른 시스템의 전파 간섭을 피해 안정적으로 연결될 수 있게 된다. 참고로 하나의 마스터 기기에는 최대 7대의 슬레이브 기기를 연결할 수 있으며, 마스터 기기와 슬레이브 기기 간 통신만 가능할 뿐 슬레이브 기기 간의 통신은 불가능하다. 그러나 마스터와 슬레이브의 역할은 고정된 것이 아니기 때문에 상황에 따라 서로 역할을 바꿀 수 있다.

[출처] IT동아-블루투스(Bluetooth)(http://it.donga.com/)

(3) BLUETOOTH 회로도

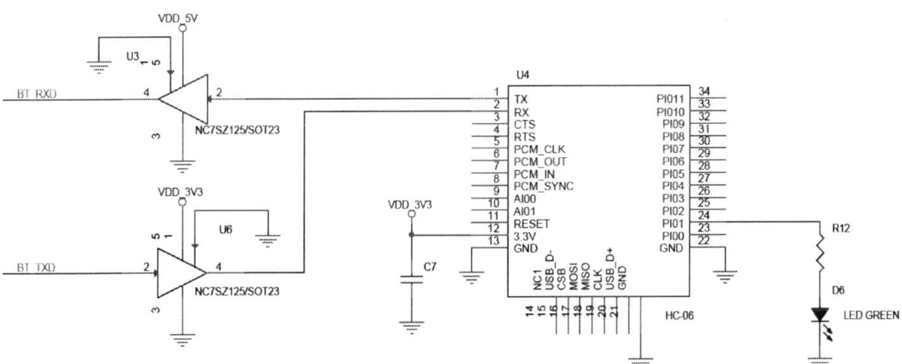

[그림 11-2] BLUETOOTH 회로도

1.1.2 펌웨어 기능 명세서 작성

(1) 동작 시나리오

블루투스 통신을 사용하기 위해 통신 속도를 9600bps로 설정한다.

CDS 센서의 데이터 값을 읽어와 변수에 저장하고 CDS 센서의 ID와 데이터 값을 프로토콜로 전달한다.

(2) 기능 명세서

위의 동작 시나리오로부터 기능 명세서를 작성하면 다음과 같다.

<table>
<tr><td rowspan="3">K사</td><td colspan="4">펌웨어 개발 설계서</td><td>프로젝트명</td><td>블루투스 통신으로
CDS 값 모니터링</td></tr>
<tr><td>문서 종류</td><td>기능 명세서</td><td>버 전</td><td>1.0</td><td>작 성 일</td><td>2016/01/01</td></tr>
<tr><td>문서 번호</td><td colspan="3">K20160101-01</td><td>작 성 자</td><td>홍 길 동</td></tr>
</table>

<table>
<tr><th>구 분</th><th>기능명</th><th>기능 설명</th><th>비고</th></tr>
<tr><td rowspan="2">블루투스 통신으로
CDS 값 모니터링</td><td>Read Sensor</td><td>CDS SENSOR 값을 읽어온다.</td><td></td></tr>
<tr><td>데이터
프로토콜 전송</td><td>CDS SENSOR의 ID와 데이터를 프로토콜로 전송한다.</td><td></td></tr>
<tr><td></td><td></td><td></td><td></td></tr>
<tr><td></td><td></td><td></td><td></td></tr>
<tr><td></td><td></td><td></td><td></td></tr>
<tr><td></td><td></td><td></td><td></td></tr>
<tr><td></td><td></td><td></td><td></td></tr>
<tr><td></td><td></td><td></td><td></td></tr>
<tr><td></td><td></td><td></td><td></td></tr>
<tr><td>의견</td><td colspan="3"></td></tr>
</table>

1.1.3 펌웨어 설계

앞에서 작성한 동작 시나리오와 기능 명세서를 참고하여 펌웨어 설계도를 작성한다.

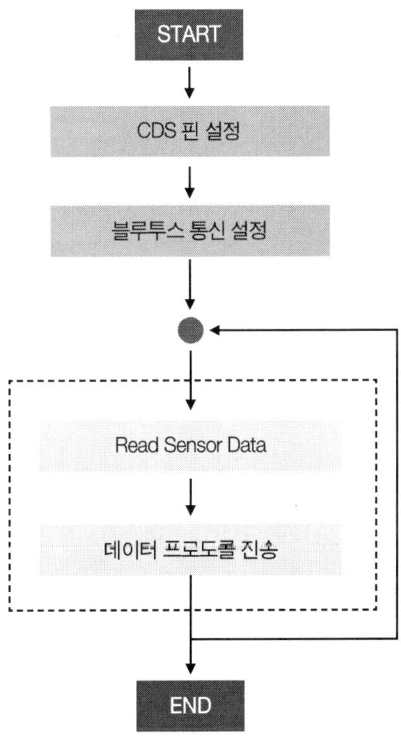

2.2 펌웨어 구현하기

2.2.1 개발환경 구축

(1)실습 준비물

다음은 펌웨어 개발에 관련하여 필요한 준비물이다.

- ▶ 아두이노 스케치
- ▶ USB Cable
- ▶ 하드웨어(MCU, CDS SENSOR 모듈, COMMUNICATION 모듈)
- ▶ Connect Cable
- ▶ 안드로이드 기기

(2) 결선 방법

펌웨어 개발을 위하여 다음과 같이 연결한다.

■ CDS SENSOR

	CDS
ARDUINO	A8

■ BLUETOOTH

BLUETOOTH	BTTXD	BTRXD
ARDUINO	14	15

1.2.2 라이브러리 구현

■ void setBT()

→ 기능 : 블루투스 이름을 설정한다.

■ void sendData(byte mID, long payload)

→ 기능 : 안드로이드 단말기로 정수 형태의 데이터를 전송한다.

→ 인자 : miD – 모듈 ID, payload – 데이터 값

1.2.3 펌웨어 구현

CDS 센서 값을 측정하고 안드로이드 기기에 디스플레이하기 위해 블루투스 통신으로 데이터를 전달하는데 이때 사용하는 것이 통신 프로토콜이다. 아래는 CDS 센서의 프로토콜 구조이다.

STX(1Byte)	ID(2Byte)		LENGTH(2Byte)	PAYLOAD(4Byte)	ETX(1Byte)
0x02	0x31	0x33	가 변	가변 길이	0x03

- ▶ **STX**는 통신 프로토콜의 시작을 말하며, ETX는 통신 프로토콜의 끝을 말한다. 그러므로 통신 프로토콜을 송/수신할 때에는 반드시 STX와 ETX가 처음과 끝에 포함되어야 한다.
- ▶ **ID**는 현재 사용하는 CDS 센서의 ID 값이다. 각 센서 또는 모듈마다 ID가 부여되어 있는데 CDS는 13번으로 ID에 '0x31 0x33'이 차례로 입력된다.
- ▶ **LENGTH**는 뒤에 나오는 PAYLOAD의 길이이다. 센서 값에 따라 길이가 변하도록 설정되어 있어 PAYLOAD가 3자리이면 LENGTH는 3이 되고, PAYLOAD가 2이면 LENGTH는 2가 된다.
- ▶ **PAYLOAD**는 전송되는 데이터를 말한다. CDS 센서에서 측정한 값을 PAYLOAD에 입력하여 전달된다.

블루투스 통신을 위해 송/수신 버퍼를 선언하고, 데이터 수신에 관련된 변수를 초기화한다. 또한 CDS 제어용 출력 핀을 아두이노 호환 핀에 연결한다.

```
char Bluetooth_RX_DATA[128];                    // 수신 버퍼
char Bluetooth_TX_DATA[128];                    // 송신 버퍼

// 데이터 수신에 관한 플래그
boolean Bluetooth_STATUS_Flag = 0;
boolean Bluetooth_data_Flag = 0;
char Bluetooth_RX_Count = 0;                    // 수신 받을 데이터의 양

const int cdsPin = A8;
```

'setup()' 함수에서는 'begin()' 함수를 사용하여 블루투스 통신을 초기화한다. 'setBT()' 함수를 호출하여 블루투스 설정을 한다.

```
void setup()
{
        Serial3.begin(9600);
        setBT();                    // 블루투스 설정
}
```

'loop()' 함수에서는 CDS 핀 값을 아날로그 값으로 읽어 변수 'sensorValue'에 저장한다. 'sendData()' 함수에 CDS SENSOR의 ID와 데이터 값을 전달한다.

```
void loop()
{
        int sensorValue = analogRead(cdsPin);
        sendData(13, sensorValue);
        delay(100);
}
```

'setBT()' 함수는 블루투스의 이름을 설정한다. 기본적으로 'BT-01'로 설정하도록 되어 있다. (블루투스 이름은 애플리케이션에서 장치 검색할 때 표시가 되며, 이름을 사용자가 변경할 수 있다.)

```
void setBT()
{
 String BluetoothName = "BT-01" ;
 String command = "AT+NAME" + BluetoothName;
 char printout[command.length()+1];
 command.toCharArray(printout,command.length()+1);
 Serial3.write(printout);
 delay(2000);
}
```

'sendData()' 함수는 블루투스 통신으로 안드로이드 기기로 데이터를 전송한다. 우선 입력된 데이터 값으로 데이터의 길이를 계산하고 itoa() 함수로 숫자를 문자열로 변경한다. 모듈의 ID, 데이터 길이, 데이터 값 순서로 프로토콜을 구성한 뒤 이를 블루투스로 전송한다.

```
void sendData(byte mID, long payload)
{
        int length;
        double d;

        d = log10(payload);
        length = (int)d + 1;

        char buffer[4];
        itoa(payload, buffer, 10);

        // 프로토콜 구성
        Bluetooth_TX_DATA[0] = STX;
        Bluetooth_TX_DATA[1] = ( (mID / 10) + 0x30 );
```

```
        Bluetooth_TX_DATA[2] = ( (mID % 10) + 0x30 );
        Bluetooth_TX_DATA[3] = ( (length / 10) + 0x30 );
        Bluetooth_TX_DATA[4] = ( (length % 10) + 0x30 );
        for(int i = 0; i < length; i++) {
                Bluetooth_TX_DATA[i+5] = buffer[i];
        }
        Bluetooth_TX_DATA[length + 5] = ETX;

        Serial3.write((byte*)Bluetooth_TX_DATA, length+6);
}
```

예를 들어 payload의 값이 1023이라 하면,

d = log10(1023) ⇒ d = $\log_{10}1023$ ≒ 3.010

length = (int)d + 1 = 3 + 1 = 4

이 된다. 전달되는 프로토콜 값을 보면 다음과 같이 구성될 것이다.

STX (1Byte)	ID(2Byte)		LENGTH (2Byte)	PAYLOAD(4 Byte)	ETX (1Byte)
0x02	0x31	0x33	0x34		0x03

PAYLOAD (4 Byte)			
0x31	0x30	0x32	0x33

현재 센서 값

((0x31-0x30)*1000) + ((0x30-0x30)*100) + ((0x32-0x30)*10) + ((0x33-0x30)*1) = 1023

1.3 펌웨어 검증하기

1.3.1 펌웨어 연동 및 테스트 기능

(1) 펌웨어 연동

① 아두이노 프로그램에서 확인( ) 아이콘을 클릭하여 컴파일이 수행되는 것이 하단의 Build 창에 보이는 것을 확인할 수 있다.

② 장비와 같이 제공되는 USB Cable을 이용하여 아두이노에 다운로드 한다. 아래와 같이 장비와 USB Cable을 연결한다.

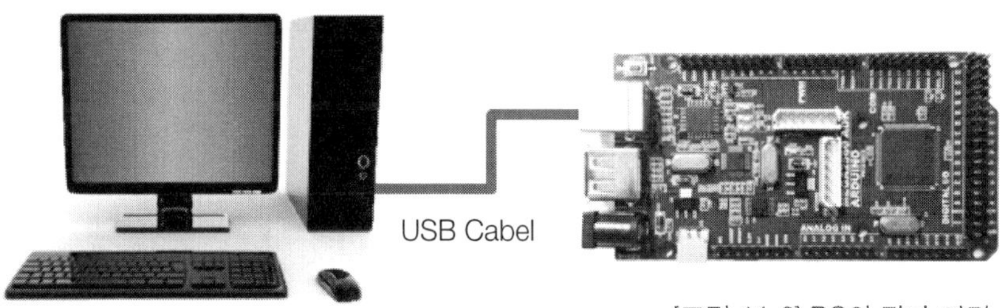

[그림 11-3] PC와 장비 연결

③ '도구 → 시리얼 포트'를 선택하여 컴퓨터와 연결된 COM 포트를 선택한다.

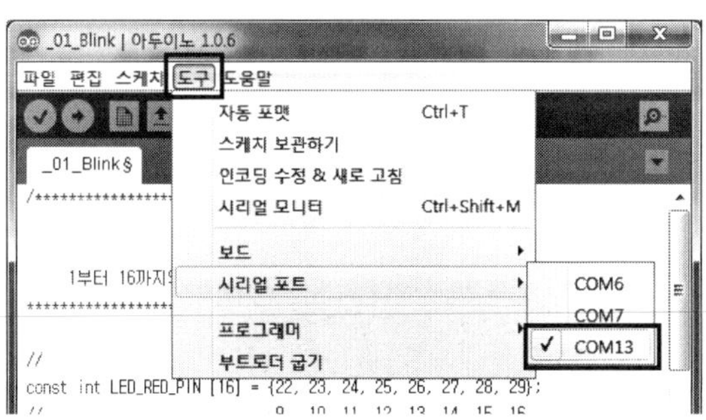

[그림 11-4] 컴포트 선택

④ 아두이노 프로그램에서 업로드( ) 아이콘을 클릭하여 아두이노에 업로드한다.

⑤ 구글 Play 스토어에서 'NCS 아두이노 펌웨어 개발(WOW1017)' 애플리케이션을 다운로드하여 설지하고 애플리케이션을 실행한다.

⑥ 'CDS 센서'를 선택한다.

⑦ 오른쪽 상단에 메뉴버튼을 선택하면 'connect'가 나타난다. 'connect'를 선택한다.

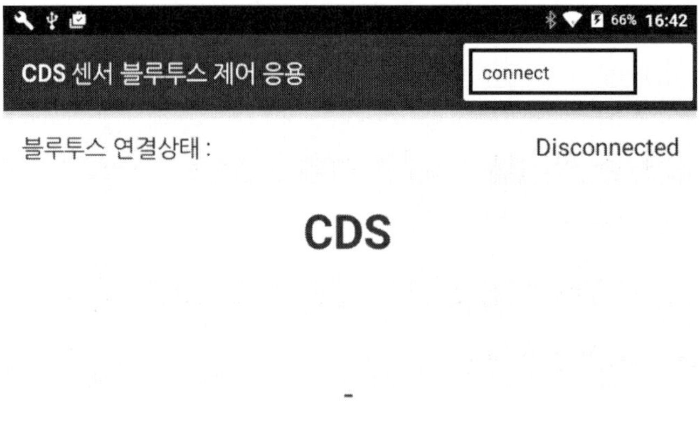

[그림 11-5] Connect

⑧ 현재 블루투스 페어링된 디바이스 목록이 나타나며, 처음 연결하는 경우에는 'Scan for devices' 버튼을 선택하여 장비의 블루투스를 검색한다.

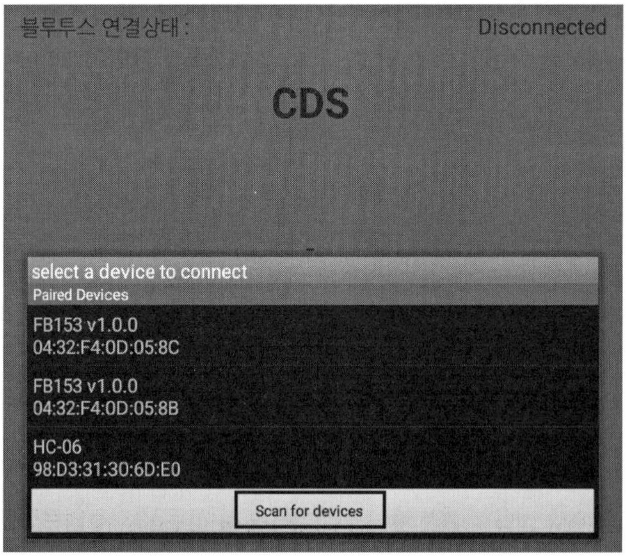

[그림 11-6] 장치 검색

⑨ 'BT-01' 목록이 나타나면 이를 선택한다.

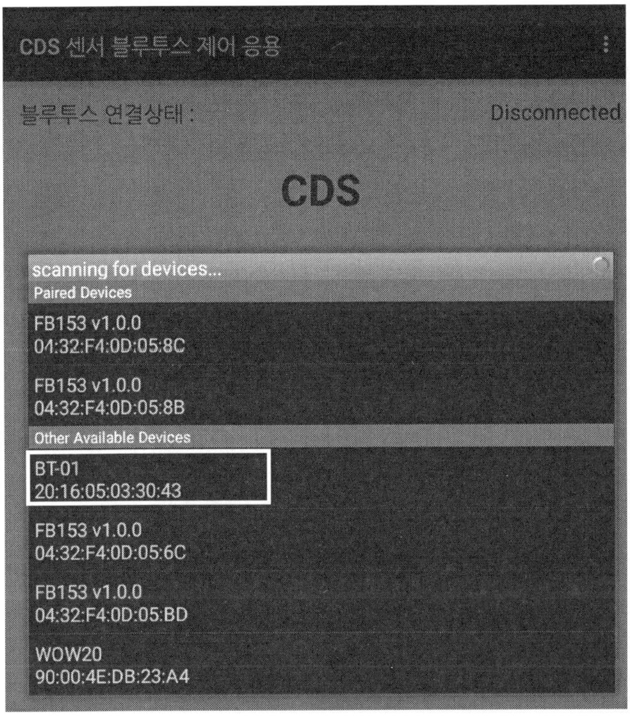

[그림 11-7] 장치 선택

⑩ 최초 등록에 한해서 블루투스 등록 요청이 실행된다.

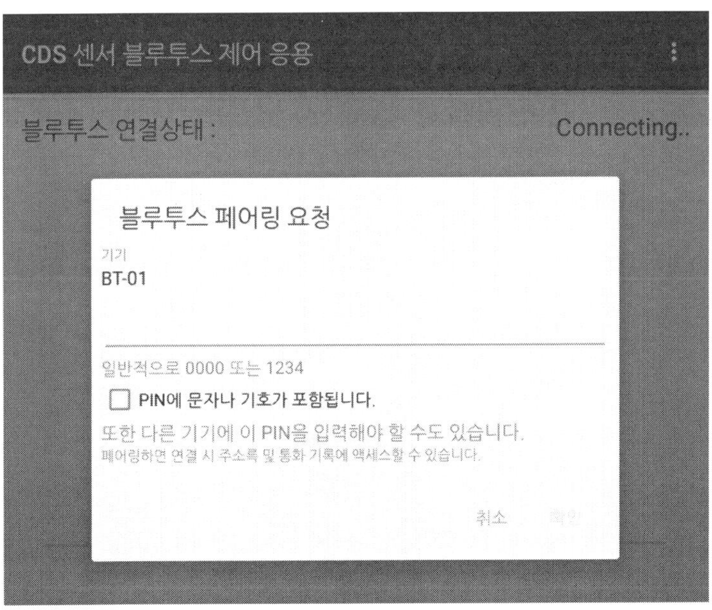

[그림 11-8] 등록 요청

⑪ PIN 번호로 '1234'를 입력하고 확인을 선택한다.

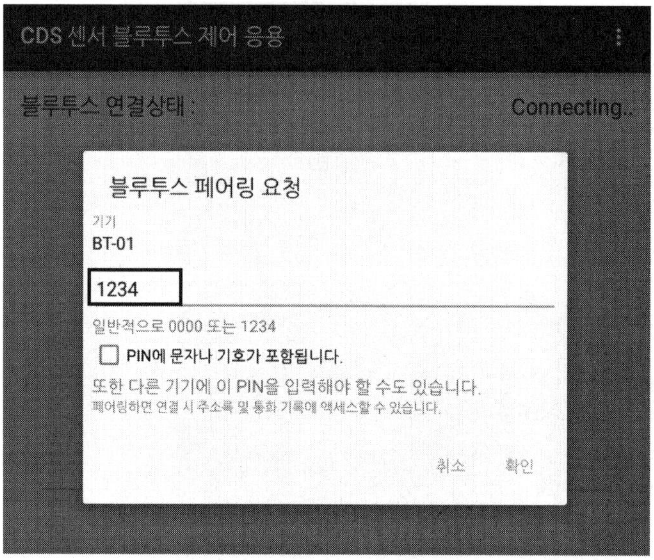

[그림 11-9] PIN 번호 입력

⑫ 연결이 완료되면 상단의 블루투스 연결 상태에 'BT-01'로 표시된다.

(2) 기능 테스트

CDS SENSOR의 값을 출력한다.

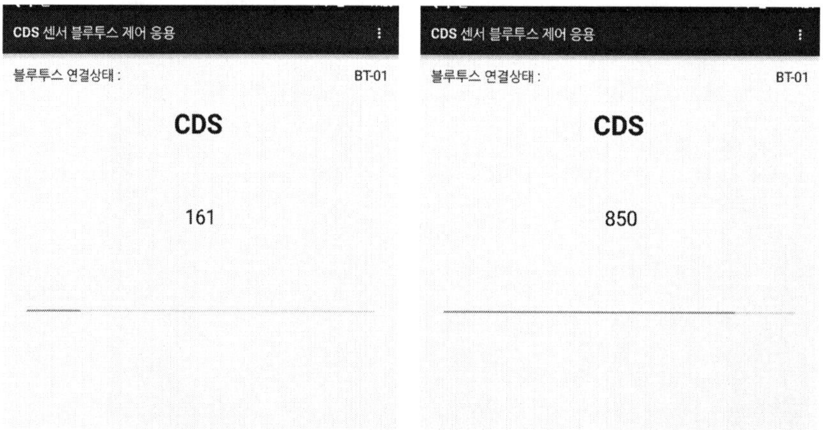

[그림 11-10] 실습 결과

1.3.2 체크리스트 작성

앞의 테스트 결과를 바탕으로 다음의 결과보고서를 작성한다.

<table>
<tr><td rowspan="3">K사</td><td colspan="4">테스트 결과보고서</td><td>프로젝트명</td><td>블루투스
통신으로
CDS 값 모니터링</td></tr>
<tr><td>단 계</td><td>1차 테스트</td><td>버 전</td><td>1.0</td><td>작 성 일</td><td>2016/01/01</td></tr>
<tr><td>문서 번호</td><td colspan="3">K20160101-02</td><td>작 성 자</td><td>홍 길 동</td></tr>
</table>

<table>
<tr><td colspan="4">테스트 체크리스트</td></tr>
<tr><th>구분</th><th>세부 내용</th><th>결과</th><th>비고</th></tr>
<tr><td rowspan="3">펌웨어
설계</td><td>테스트 결과가 동작 시나리오와 일치하는가?</td><td></td><td></td></tr>
<tr><td>코드가 명세서에 요구하는 문제를 해결하고 있는가?</td><td></td><td></td></tr>
<tr><td>사용된 설계도가 올바르게 문제를 해결하는가?</td><td></td><td></td></tr>
<tr><td rowspan="4">펌웨어
구현</td><td>변수 이름은 의미있게 사용하였는가?</td><td></td><td></td></tr>
<tr><td>코드를 설명하는 주석문을 충분히 기록했는가?</td><td></td><td></td></tr>
<tr><td>에러가 발생하는가?</td><td></td><td></td></tr>
<tr><td>에러 메시지들은 의미가 있는가?</td><td></td><td></td></tr>
<tr><td rowspan="5">펌웨어
검증</td><td>CDS SENSOR의 값을 읽어오는가?
CDS SENSOR의 ID와 데이터를 프로토콜로 전송하는가?</td><td></td><td></td></tr>
<tr><td></td><td></td><td></td></tr>
<tr><td></td><td></td><td></td></tr>
<tr><td></td><td></td><td></td></tr>
<tr><td></td><td></td><td></td></tr>
<tr><td>의견</td><td colspan="3"></td></tr>
</table>

실습 11-2 Bluetooth 통신으로 STEP MOTOR를 제어하는 펌웨어 개발

학습목표

- STEP MOTOR를 안드로이드 기기로 제어할 수 있다.
- 블루투스 통신기반 STEP MOTOR 컨트롤 펌웨어 개발을 위하여 기능 명세서를 작성하고, 이를 바탕으로 펌웨어를 개발할 수 있다.

2.1 펌웨어 설계하기

2.1.1 하드웨어 컴포넌트 파악

'실습 11-1 Bluetooth 통신으로 CDS 센서를 모니터링하는 펌웨어 개발'과 동일하므로 이를 참고한다.

2.1.2 펌웨어 기능 명세서 작성

(1) 동작 시나리오

블루투스 통신을 사용하기 위해 통신 속도를 9600bps로 설정한다.

프로토콜을 수신 받으면 프로토콜에서 모드와 모터 값을 분석한다. STEP MOTOR의 모드 값이 2이면 STEP MOTOR의 속도 값을 사용자가 설정하고, 모드 값이 0 또는 1이면 읽어온 프로토콜을 데이터 값으로 변환 후 0이면 정회전, 1이면 역회전을 하도록 STEP MOTOR를 동작시킨다.

(2) 기능 명세서

앞의 동작 시나리오로부터 다음의 기능 명세서를 작성한다.

<table>
<tr><td rowspan="3">K사</td><td colspan="4">펌웨어 개발 설계서</td><td>프로젝트명</td><td>블루투스 통신으로
STEP 모터 제어</td></tr>
<tr><td>문서 종류</td><td>기능 명세서</td><td>버 전</td><td>1.0</td><td>작 성 일</td><td>2016/01/01</td></tr>
<tr><td>문서 번호</td><td colspan="3">K20160101-03</td><td>작 성 자</td><td>홍 길 동</td></tr>
</table>

구 분	기능명	기능 설명	비고
블루투스 통신으로 STEP MOTOR 제어	프로토콜 수신	STEP MOTOR의 프로토콜을 수신 받는다.	
	프로토콜 분석	프로토콜에서 모드와 모터 값을 각각 구분한다.	
	모드 값 = 0	모드 값이 0이면 STEP MOTOR를 시계방향으로 모터 값만큼 회전시킨다.	
	모드 값 = 1	모드 값이 1이면 STEP MOTOR를 반시계방향으로 모터 값만큼 회전시킨다.	
	모드 값 = 2	모드 값이 2이면 STEP MOTOR를 사용자가 설정한 속도로 회전시킨다.	
의견			

2.1.3 펌웨어 설계

앞에서 작성한 동작 시나리오와 기능 명세서를 참고하여 펌웨어 설계도를 작성한다.

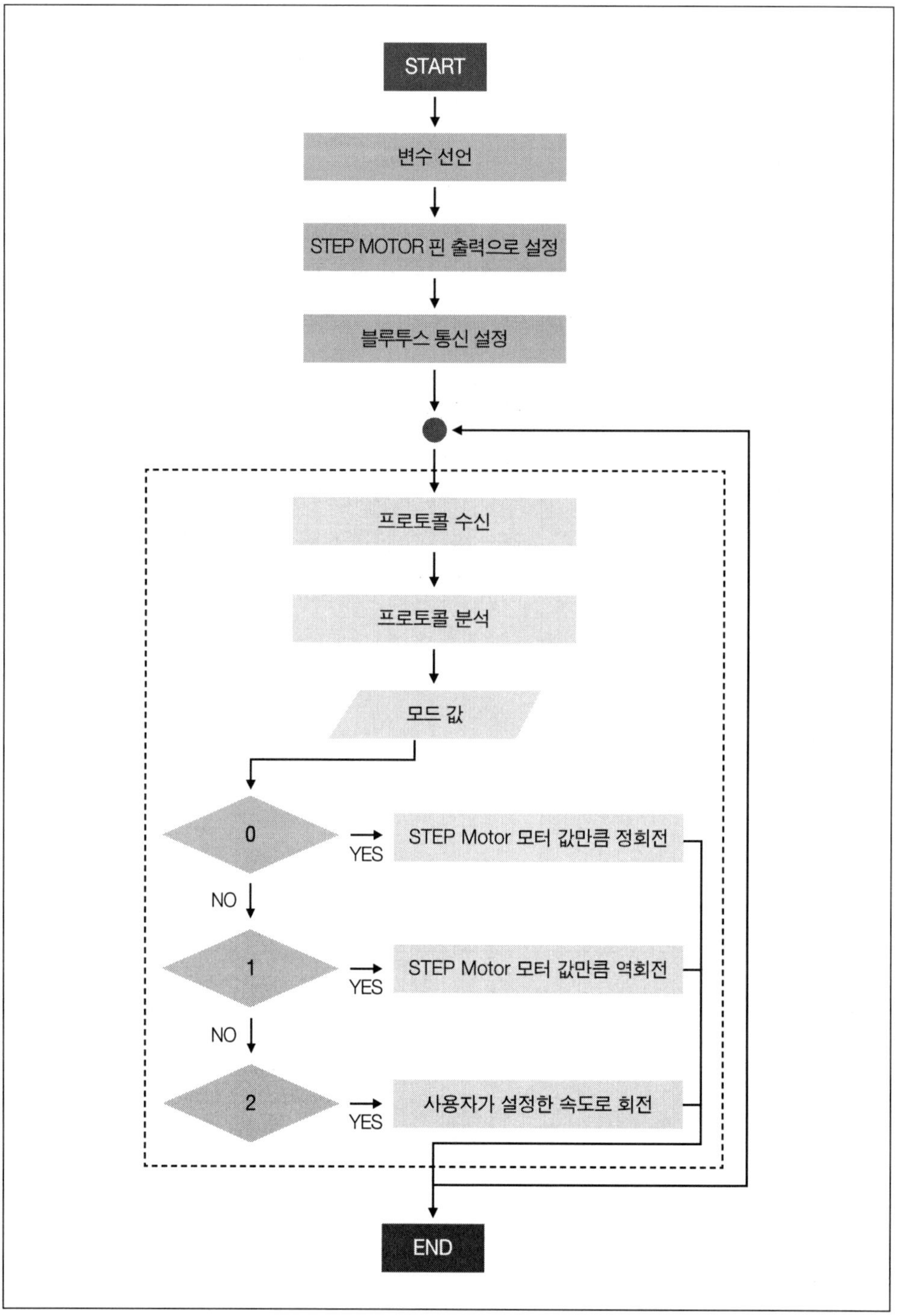

2.2 펌웨어 구현하기

2.2.1 개발환경 구축

(1)실습 준비물

다음은 펌웨어 개발에 관련하여 필요한 준비물이다.

- ▶ 아두이노 스케치
- ▶ USB Cable
- ▶ 하드웨어(MCU, STEP MOTOR 모듈, COMMUNICATION 모듈)
- ▶ Connect Cable
- ▶ 안드로이드 기기

(2) 결선 방법

펌웨어 개발을 위하여 다음과 같이 연결한다.

■ STEP MOTOR

STEP	A' (IN-1)	A (IN-2)	B (IN-3)	B' (IN-4)
ARDUINO	3	2	1	0

STEP	EN
ARDUINO	5

■ BLUETOOTH

BLUETOOTH	BTTXD	BTRXD
ARDUINO	14	15

2.2.2 라이브러리 구현

■ void setBT()

→ 기능 : 블루투스 이름을 설정한다.

■ void sendData(byte mID, long payload)

→ 기능 : 안드로이드 단말기로 정수 형태의 데이터를 전송한다.

→ 인자 : miD – 모듈 ID

payload – 데이터 값

■ int getStepValue(byte length, char* data)

→ 기능 : 블루투스 RX 데이터 값을 STEP MOTOR 구동하기 위한 값의 범위로 반환한다.

→ 인자 : orientation - 모터의 동작 방향

data – 블루투스 RX 데이터 값(받는 데이터)

■ int getStepSpeed(char* data)

→ 기능 : 블루투스 RX 데이터 값을 받아 속도 제어 값으로 맵핑

→ 인자 : data – 블루투스 RX 데이터 값 (받는 데이터)

→ 인자 : miD – 모듈 ID

payload – 데이터 값

2.2.3 펌웨어 구현

안드로이드 기기에서 STEP MOTOR 값을 제어하기 위해 데이터를 통신 프로토콜로 전달한다. 아래는 STEP MOTOR의 프로토콜 구조이다.

STX (1Byte)	ID(2Byte)		LENGTH (2Byte)		PAYLOAD(4 Byte)		ETX (1Byte)
					Mode(1 Byte)	Motor Value(3 Byte)	
0x02	0x30	0x39	0x30	0x34	1 Byte	3 Byte	0x03

- ▶ STX는 통신 프로토콜의 시작을 말하며, ETX는 통신 프로토콜의 끝을 말한다. 그러므로 통신 프로토콜을 송/수신할 때에는 반드시 STX와 ETX가 처음과 끝에 포함되어야 한다.
- ▶ ID는 현재 사용하는 STEP MOTOR의 ID 값이다. STEP MOTOR의 ID는 09번으로 ID에 '0x30 0x39'가 차례로 입력된다.
- ▶ LENGTH는 뒤에 나오는 PAYLOAD의 길이이다. STEP MOTOR 제어를 위해 LENGTH는 4로 고정되어 있다.
- ▶ PAYLOAD는 전송되는 데이터를 말한다. STEP MOTOR의 데이터는 회전방향을 결정하는 'Mode'와 회전 각도를 결정하는 'Motor Value'를 가지고 있다. 'Mode'의 값은 0(CW)/1(CCW)/2(사용자 속도 제어)가 입력되며, 'Motor Value'의 값은 모터의 회전 스텝 수나 회전 속도 값이 입력되어 전달된다.

Stepper 라이브러리를 사용하기 위해 "Stepper.h" 헤더파일을 포함시킨다. STEP Motor 제어용 출력 핀을 아두이노 호환 핀에 연결한다. 또한 STEP MOTOR가 360° 회전하기 위해서 'MOTOR_STEP' 변수를 선언하고 값을 200으로 설정한다. 1스텝은 1.8° 이동한다. Stepper 클래스 객체를 생성한다.

```
#include <Stepper.h>

const int _A_IN1 = 3;              // Motor Pin A' Input 1 (Orange)
const int  A_IN2 = 2;              // Motor Pin A  Input 2 (Brown)
const int  B_IN3 = 1;              // Motor Pin B  Input 3 (RED)
const int _B_IN4 = 0;              // Motor Pin B' Input 4 (YELLOW)
const int EnablePin = 5;           // 활성핀

int motorstep = 200;               // 360' / 1.8'
int stepVal = 0;                   // 모터의 스탭 값을 저장할 변수

Stepper myStepper(motorstep, _B_IN4,B_IN3,A_IN2,_A_IN1);
```

블루투스 통신을 위해 송/수신 버퍼를 선언하고, 데이터 수신에 관련된 변수를 초기화한다. 또한 CDS 제어용 출력 핀을 아두이노 호환 핀에 연결한다.

```
char Bluetooth_RX_DATA[128];                // 수신 버퍼
char Bluetooth_TX_DATA[128];                // 송신 버퍼

// 데이터 수신에 관한 플래그
boolean Bluetooth_STATUS_Flag = 0;
boolean Bluetooth_data_Flag = 0;
char Bluetooth_RX_Count = 0;                // 수신 받을 데이터의 양
```

'setup()' 함수에서는 'begin()' 함수를 사용하여 블루투스 통신을 초기화 한다. 'setBT()' 함수를 호출하여 블루투스 설정을 한다. Enable 핀을 출력으로 설정하고 HIGH로 설정한 후 STEP MOTOR의 최고 속도를 100으로 설정한다.

```
void setup()
{
        Serial3.begin(9600);            // 블루투스 통신속도 초기화

        setBT();                        // 블루투스 설정

        pinMode(EnablePin,OUTPUT);
        digitalWrite(EnablePin, HIGH);

        myStepper.setSpeed(100);
}
```

'loop()' 함수에서는 블루투스로부터 프로토콜을 수신 받으면 모드와 모터 값을 각각 분석한다. 모드 값이 2일 경우 모터의 속도를 사용자가 지정한 값으로 설정하고, 모드 값이 0 또는 1이면 'getStepValue()' 함수로 STEP MOTOR를 구동하기 위한 값의 범위로 변환하고 STEP MOTOR를 동작시킨다.

```
void loop()
{
        // 블루투스 시리얼 값이 감지되었을 시
        if( Bluetooth_STATUS_Flag )
        {
        Bluetooth_STATUS_Flag = 0;

        // 스태퍼모터 제어를 위한 모드를 받아 저장한다.
        byte modeSelect = (Bluetooth_RX_DATA[4] - 0x30);

        if(modeSelect == 2) {
```

```
        mySteppersetSpeed(getStepSpeed(Bluetooth_RX_DATA));
        } else {
        stepVal = getStepValue(modeSelect, Bluetooth_RX_DATA);

        mySteppersetp(stepVal);
        }
        }
}
```

'getStepValue()' 함수는 아스키 값으로 전달받은 프로토콜에서 숫자에 해당하는 값으로 데이터 값을 추출한다. 프로토콜의 모드 값에 따라 0이면 시계방향, 1이면 반시계방향으로 STEP MOTOR를 회전 방향을 설정한다. 회전 방향과 데이터 값을 반환하여 STEP MOTOR를 회전시킨다.

```
int getStepValue(byte orientation, char* data)
{
        int result = 0; // 반환할 결과 값

        result = ( ((data[5]-0x30) * 100) + ((data[6]-0x30) * 10) + (data[7]-0x30) );

        if(orientation == 0)
        {

                result = result * -1;
        }
        else;

        return result;
}
```

'getStepSpeed()' 함수는 블루투스의 데이터 값을 받아 속도 제어 값으로 맵핑한다. 아스키 값으로 전달받은 프로토콜에서 숫자에 해당하는 값으로 데이터 값을 추출한다. 'map()' 함수로 0~100의 값을 10~100으로 범위를 설정한다.

```
int getStepSpeed(char* data)
{
        int result = 0;  // 반환할 결과 값
        result = ( ((data[5]-0x30) * 100) + ((data[6]-0x30) * 10) + (data[7]-0x30) );
        // 속도가 0일 경우 아무 동작도 못하는 루프 상태에 빠진다.
        result = map(result, 0, 100, 10, 100);
        return result;
}
```

예를 들어 STEP MOTOR를 정방향으로 180도 회전시키려면

Mode ⇒ 0
Motor Value ⇒ 100

이 된다. 송신되는 프로토콜 값을 보면 다음과 같이 구성될 것이다.

STX (1Byte)	ID (2Byte)		LENGTH (2Byte)		PAYLOAD(4 Byte)		ETX (1Byte)
					Mode(1 Byte)	Motor Value(3 Byte)	
0x02	0x30	0x39	0x30	0x34			0x03

PAYLOAD (4 Byte)			
Mode(1 Byte)	Motor Value(3 Byte)		
0x30	0x31	0x30	0x30

또한, 사용자가 STEP MOTOR의 모터 속도를 80으로 설정하여 회전시키려면

Mode ⇒ 2
Motor Value ⇒ 80

이 된다. 송신되는 프로토콜 값을 보면 다음과 같이 구성될 것이다.

STX (1Byte)	ID (2Byte)		LENGTH (2Byte)		PAYLOAD(4 Byte)		ETX (1Byte)
					Mode(1 Byte)	Motor Value(3 Byte)	
0x02	0x30	0x39	0x30	0x34			0x03

PAYLOAD (4 Byte)			
Mode (1 Byte)	Motor Value (3 Byte)		
0x32	0x30	0x38	0x30

2.3 펌웨어 검증하기

2.3.1 펌웨어 연동 및 테스트 기능

(1) 펌웨어 연동

① 아두이노 프로그램에서 확인( ) 아이콘을 클릭하여 컴파일이 수행되는 것이 하단의 Build 창에 보이는 것을 확인할 수 있다.

② 장비와 같이 제공되는 USB Cable을 이용하여 아두이노에 다운로드한다. 아래와 같이 장비와 USB Cable을 연결한다.

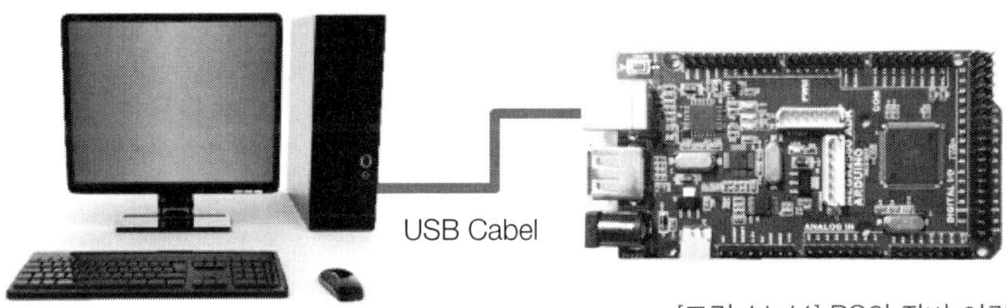

[그림 11-11] PC와 장비 연결

③ '도구 → 시리얼 포트'를 선택하여 컴퓨터와 연결된 COM 포트를 선택한다.

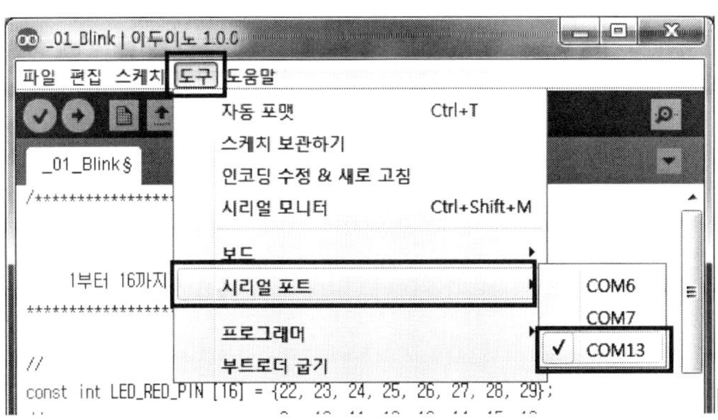

[그림 11-12] 컴포트 선택

④ 아두이노 프로그램에서 업로드( ) 아이콘을 클릭하여 아두이노에 업로드한다.

⑤ 구글 Play 스토어에서 'NCS 아두이노 펌웨어 개발(WOW1017)' 애플리케이션을 다운로드하여 설치하고 애플리케이션을 실행한다.

⑥ 'STEP MOTOR'를 선택한다.

⑦ 오른쪽 상단의 메뉴 버튼을 선택하면 'connect'가 나타난다. 'connect'를 선택한다.

⑧ 현재 블루투스 페어링된 디바이스 목록이 나타나며, 처음 연결하는 경우에는 'Scan for devices' 버튼을 선택하여 장비의 블루투스를 검색한다.

⑨ 'BT-01' 목록이 나타나면 이를 선택한다.

⑩ 최초 등록에 한해서 블루투스 등록 요청이 실행된다.

⑪ PIN 번호로 '1234'를 입력하고 확인을 선택한다.

⑫ 연결이 완료되면 상단의 블루투스 연결 상태에 'BT-01'로 표시된다.

(2) 기능 테스트

STEP MOTOR의 회전 방향과 회전각, 회전속도를 제어할 수 있다.

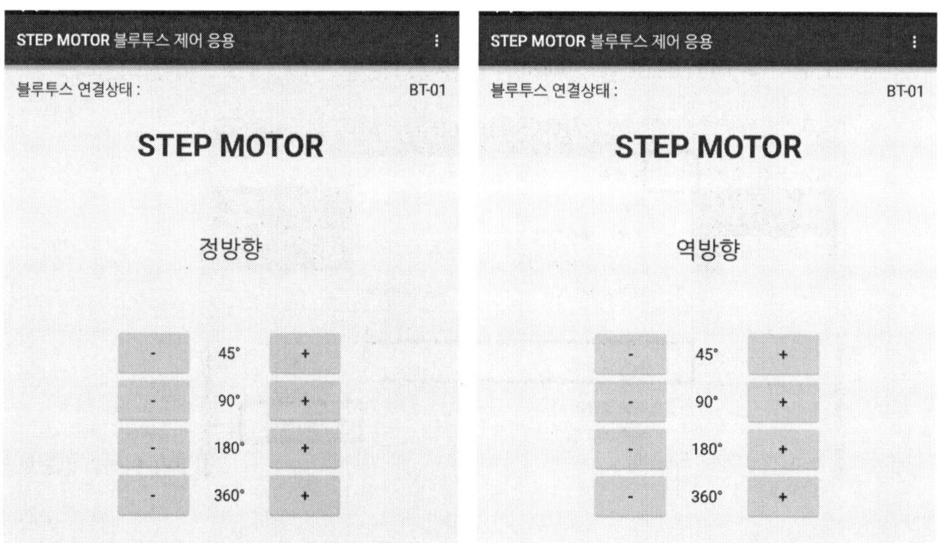

[그림 11-13] 실습 결과

2.3.2 체크리스트 작성

앞의 테스트 결과를 바탕으로 다음의 결과보고서를 작성한다.

<table>
<tr><td rowspan="3">K사</td><td colspan="4">테스트 결과보고서</td><td>프로젝트명</td><td>블루투스 통신으로 STEP 모터 제어</td></tr>
<tr><td>단 계</td><td>1차 테스트</td><td>버 전</td><td>1.0</td><td>작 성 일</td><td>2016/01/01</td></tr>
<tr><td>문서 번호</td><td colspan="3">K20160101-04</td><td>작 성 자</td><td>홍 길 동</td></tr>
</table>

<table>
<tr><td colspan="4">테스트 체크리스트</td></tr>
<tr><th>구분</th><th>세부 내용</th><th>결과</th><th>비고</th></tr>
<tr><td rowspan="3">펌웨어 설계</td><td>테스트 결과가 동작 시나리오와 일치하는가?</td><td></td><td></td></tr>
<tr><td>코드가 명세서에 요구하는 문제를 해결하고 있는가?</td><td></td><td></td></tr>
<tr><td>사용된 설계도가 올바르게 문제를 해결하는가?</td><td></td><td></td></tr>
<tr><td rowspan="4">펌웨어 구현</td><td>변수 이름은 의미있게 사용하였는가?</td><td></td><td></td></tr>
<tr><td>코드를 설명하는 주석문을 충분히 기록했는가?</td><td></td><td></td></tr>
<tr><td>에러가 발생하는가?</td><td></td><td></td></tr>
<tr><td>에러 메시지들은 의미가 있는가?</td><td></td><td></td></tr>
<tr><td rowspan="6">펌웨어 검증</td><td>STEP MOTOR의 프로토콜을 수신 받는가?</td><td></td><td></td></tr>
<tr><td>프로토콜에서 모드와 모터 값을 각각 구분하는가?</td><td></td><td></td></tr>
<tr><td>모드 값이 0이면 STEP MOTOR를 시계방향으로 모터 값만큼 회전시키는가?</td><td></td><td></td></tr>
<tr><td>모드 값이 1이면 STEP MOTOR를 반시계방향으로 모터 값만큼 회전시키는가?</td><td></td><td></td></tr>
<tr><td>모드 값이 2이면 STEP MOTOR를 사용자가 설정한 속도로 회전시키는가?</td><td></td><td></td></tr>
<tr><td></td><td></td><td></td></tr>
<tr><td>의견</td><td colspan="3"></td></tr>
</table>

저자 소개

- **오상균**

  (現)한국폴리텍대학 교수

- **이명희**

  (現)한국폴리텍대학 교수

- **권민주**

  (現)(주)와우시스템 선임연구원

예제소스는 광문각 홈페이지(http://www.kwangmoonkag.co.kr)와 (주)와우시스템 홈페이지(http://www.wowsystem.co.kr)의 자료실에서 다운로드 받으실 수 있습니다.

국가직무능력표준에 기반한

NCS 아두이노를 이용한 펌웨어 개발 실무

2017년 2월 3일 1판 1쇄 인 쇄
2017년 2월 8일 1판 1쇄 발 행

지 은 이 : 오상균 · 이명희 · 권민주

펴 낸 이 : 박정태

펴 낸 곳 : **광 문 각**

10881
경기도 파주시 파주출판문화도시 광인사길 161
광문각 B/D 4층
등 록 : 1991. 5. 31 제12 - 484호
전 화(代) : 031-955-8787
팩 스 : 031-955-3730
E - mail : kwangmk7@hanmail.net
홈페이지 : www.kwangmoonkag.co.kr

ISBN : 978-89-7093-822-6 93560

값 : 19,000원

한국과학기술출판협회회원
KSPA